Harald Gröhler — Kleppermühle

Harald Gröhler, geb. in Jelenia Góra, studierte Psychologie und Philosophie. Er ist Schriftsteller, Literaturkritiker, Essayist und Journalist. Gastprofessuren (für Literatursoziologie) hatte er mehrmals in den USA inne. Er ist u.a. Mitglied des PEN- Zentrums Deutschland, der union des poètes & Cie., des Verbands deutscher Schriftstellerinnen und Schriftsteller, der Europ. Autorenvereinigung Kogge und fungiert als Vorsitzender des internat. Autorenkreises Plesse. Gröhler veröffentlichte bis jetzt 20 Bücher, mehrere erschienen zweisprachig (Teile seines Werks sind in 9 Sprachen übersetzt). Gröhler hat insgesamt mehr als 1000 Veranstaltungen von Autorenkollegen organisiert und moderiert. Für sein kulturelles und kulturpolitisches Engagement wurde ihm der Verdienstorden der Bundesrepublik Deutschland verliehen. Er lebt in Berlin und Köln. Bei K&N zuletzt erschienen: *Dichter! Dichter! So begegneten sie mir* (2019).

Harald Gröhler

Kleppermühle

Ein Bericht

Königshausen & Neumann

Bibliografische Information der Deutschen Nationalbibliothek

Die Deutsche Nationalbibliothek verzeichnet diese Publikation in der Deutschen Nationalbibliografie; detaillierte bibliografische Daten sind im Internet über http://dnb.d-nb.de abrufbar.

Gedruckt auf säurefreiem, alterungsbeständigem Papier
Umschlag: skh-softics / coverart
Umschlagabbildung: Ansicht zur Kleppermühle, Dezember 2014
Wikicommons (Letzter Zugriff: 08.11.2021):
https://commons.wikimedia.org/wiki/File:Kleppern%C3%BChle_2014_xy_5.JPG
Bindung: docupoint GmbH, Magdeburg

Printed in Germany

ISBN 978-3-8260-7532-2

www.koenigshausen-neumann.de

www.ebook.de
www.buchhandel.de
www.buchkatalog.de

Kleppermühle

Für Paul Virilio, † 10.9.2018

Die Philosophie muss lernen, lebendige und konkrete Individualität überhaupt ernst zu nehmen.

Helmut E. Lück, Rudolf Miller:
Geschichte der Psychologie (1984)

1. KAPITEL
Wer den Schlüssel zur Mühle nicht hergibt

Wir hatten wenig; sehr wenig. Beinah hatten wir nichts. Das mache ich keinem zum Vorwurf; es sah eben nicht anders aus. Unlängst war grade ein Krieg gewesen.

Aber ich sorgte schon selber für etwas Habe; Ben, ich, eines von fünf Geschwistern.

Ausgerechnet Ben sorgte für einen frühen Höhepunkt. Ich kann beispielsweise von einer Mühle berichten. Das wäre die »Kleppermühle«. Sie ist mitten im Wald, zwischen Schönwald und Wüstenbrunn. Lediglich in einem kleineren Haus neben ihr, einem viel neueren, also unbedeutenderen Häuschen, wohnte 1955 der Fischmeister. Er allein nur.

Vor dieser Mühle gab und gibt es aber die vielen Fische. Die Mühle ist eine Wassermühle, und in den zirka dreißig Teichen vor ihr schwimmen die Fische herum.

Sonst war mehrkilometerweit in allen vier Windrichtungen kein Haus. Meine Brüder und ich liefen von unserer Schönwalder Wohnung, wenn wir uns beeilten, fünfzig Minuten zur Kleppermühle; zu Fuß. Mit Fahrrad dauerte es auch zwanzig Minuten; erst einmal den Rabenberg hoch. Das Waldgebiet gehört alles einem Freiherrn Alhard von der Borch, im nördlichsten Bayern. Und die Tochter dieses Freiherrn ging mit Bens Schwester Ellen in eine Klasse. Die beiden Mädel freundeten sich mit sieben, acht

Jahren ein bisschen an. Die Tochter, Nosch, nämlich Nora-Maria, kam damals auch zu uns gelegentlich in die beengte, volle Wohnung. Ein Fußweg von einer Dreiviertelstunde bergauf quer durch den Wald. Und zurück begleiteten meine Schwester und manchmal mein Bruder ›Rolli‹ sie und manchmal ich ins Schloss. So lernte ich außerdem den Freiherrn kennen. Es war nicht alles friedliches Idyll; dieser Freiherr, der dann 1975 neunundfünfzigjährig verstarb, wurde mit dem Ritterkreuz ausgezeichnet im zweiten Weltkrieg – also ein paar Pfund Menschen wird der schon als Feinde, als Gegner, erledigt haben. Sonst hätte er nicht den Orden. Das Ritterkreuz war der höchste Kriegsklunker im zweiten Weltkrieg.

Ursprünglich war Alhard Rittmeister, er stand beim Kavallerieregiment 17; später und bis 1945 war er Panzeraufklärer, denn in diesem Krieg konnte man Pferde dann bald nicht mehr gebrauchen; ganz anders als in den letzten zweitausend Jahren. Bei der Rückkehr aus dem Krieg war der Freiherr von der Borch – die Einheimischen sagten immer ›Baron‹ –, der Vater von Ellens Freundin Nosch, noch nicht der Besitzer der Wälder. Besitzer war noch dessen Vater Carl-Otto. Rare adlige Namen. Aber ich kann da sofort etwas vereinfachen, der Schwiegervater des Carl-Otto war der Arno Achim von Arnim, ein sächsischer Kammerherr. Der hatte das Schloss Sophienreuth gekauft, und *von Arnim* ist schon bekannter, das ist eine ganz verbreitete Familie.

Ich? Ich war dann, so in den Fünfziger Jahren, in

einer Jungengruppe, die sich im *Wandervogel*-Verband locker organisiert hatte. Und da fiel mir die Rolle zu oder es war auch meine eigne Idee, die leerstehende Kleppermühle als unseren Gruppen-Treffpunkt zu erbitten, vom Freiherrn Alhard, der mittlerweile die Wälder von seinem Papa geerbt hatte. Der Alhard, der meine Familie und von dieser vor allem die Ellen flüchtig kannte, verschloss sich nicht meinen Bitten. Zum Nulltarif gemietet, so kriegte ich mit siebzehn Jahren die Verfügungsgewalt über die Mühle.

Fotos der Kleppermühle hab' ich ein, zwei. Also für einen jungen Schnösel, Flüchtlingsjungen noch dazu, bedeutete der Quasi»besitz« schon viel. Die Kleppermühle ist ganz aus Stein gebaut. Ihre Außenmauern sind dick; der Mahlvorgang, das Rotieren der Achsen, der Antrieb des Wassers erzeugen ja ziemliche Kräfte, da müssen die Verankerungen, die Mauern, stark sein. Zirka achtzig Zentimeter sind sie dick.

Vermutlich ist die Kleppermühle von 1818. Oder eher noch deutlich älter, von 1581. Die Kleppermühle scheint nicht allzu hoch. Aber sie wirkt nur so geduckt; denn sie ist in den Hang hinein gebaut. Keller, Hauptgeschoss, geräumiger Dachboden.

Nein, Felder oder Äcker haben wir nicht geplündert, – wie manche mir jetzt schon einmal vorgeworfen haben. Wir waren nicht in dem Sinne aufsässig. Um die Mühle herum waren und sind auch keinerlei Felder, sondern da ist, siehe oben, nur Wald; zum Bach hin schließen sich einige Wiesen an, und in der entgegengesetzten Richtung gibt es die dreißig Fischzuchtteiche. Die ziehen sich quasi treppab bis zur Kleppermühle hin, Teich an Teich, einer immer etwas tiefer gelegen als der andere; auf einer Länge von sechshundert Metern. Dass die Teiche angelegt worden waren, das hatte der Adlige ab 1881 veranlasst, der den kilometerweit sich hinziehenden Nadelwald samt dem Schloss Sophienreuth in der Haussezeit nach dem gewonnenen deutsch-französischen Krieg gekauft hatte, 1872, Arno Achim von Arnim. Die Schönwalder haben ihn dann knapp nach dem ersten Weltkrieg und, als der von Arnim eine Gruppe beim Baumfällen, beim Holzstehlen, überraschte, schlicht ins Jenseits befördert. Sie erschlugen ihn nahezu. Als er halbtot in das Industriedorf Schönwald transportiert wurde, haben viele Schönwalder dann auch noch auf ihn draufgehauen, da war er bald ganz tot. Die gemeinsame Ermordung, das ging durch die gesamte deutschsprachige Presse 1919. Und hinterher, hernach, wurde darüber eisekalt geschwiegen. Auch ich erfuhr davon 1985 erst, da war ich schon vierzig Jahre in Schönwald gewesen. Dieser Waldbesitz, der heute noch zum Schloss gehört, dem Urenkel des Totgeschlagenen nämlich gehört – dem Louis-Ferdinand –, ist eins der großen zusammenhängenden Waldgebiete der heutigen Bundesrepublik.

Hinzuzufügen wäre bloß noch von mir, dass der sächsische Kammerherr Arnim sich einst gedacht hatte: Die Leute müssen christlich sein, dann sind sie weniger renitent. Er stiftete also der evangelischen Kirche in Schönwald 1909 drei Glocken. Gleich drei. Das müsse doch die Leute freuen, dessen war er sicher. »Haben sie durch mich für ihre Kirche das Geläute umsonst«. Aber wie zu sehen war, er hatte sich verrechnet, die Leute waren ihm gar nicht gewogen, jedenfalls nicht zehn Jahre nach der Glockenstiftung und nicht während des Brennholzklauens.

1955, da waren wir vom Wandervogel drei Jungens; manchmal, selten, waren wir fünf oder noch ein, zwei mehr. Mädchen waren im *Wandervogel* nicht verboten, wir hätten aber keine für so eine Freizeitbeschäftigung – Kleppermühle aufmöbeln – begeistern können. In dem Alter waren wir nicht dick mit Mädchen. Und wie zu der so abgelegenen Mühle die hinbringen? In Schönwald, vier Kilometer weit, oder Rehau, Neuntausend-Einwohner-Stadt, zirka fünf Kilometer weit, war nichts mit Mädchen; ich hatte die Schönwalder Volksschule schon sieben Jahre hinter mir, da war kein Kontakt mit Mitschülerinnen mehr. Außerdem, wir haben oft in der Kleppermühle übernachtet; und was dann mit Mädchen? Das wäre einer Revolution gleichgekommen – gegen die Eltern –, in Rehau, oder in Schönwald.

Nein, wir sangen dort in der Mühle. (Hilfe!, schreien da die heute Gleichaltrigen) Sangen, und einer spielte außerdem Gitarre. Die spielte der exorbitant gut. Der le Maire kann Gitarre spielen; nicht nur so ein paar Akkorde, die immer passen und die überhaupt keine Melodie ergeben, le Maire spielte jede einzelne Note, und nach dem Gitarrenklang lernten wir erst die Melodie so eines Liedes. Zunächst einmal musste ich mit viel Überzeugungsarbeit dazu gebracht werden, wieder, wie vor neun Jahren als kleiner Junge, zu singen. Ich Trottel war da zunächst noch in einer Anti-Musik-Haltung, und das waren die meisten in meiner Gymnasialklasse damals.

Was wir Jungens in der Kleppermühle sangen? »72 Lieder des bulgarischen Volkes«. Das waren also Lieder – teils dann ins Deutsche übersetzt – von andern Völkern. Die Lieder waren von der vorletzten Generation des *Wandervogels* gesammelt worden; vor der Nazizeit. Irre Melodien, auch spannende Inhalte: etwa, von Räubern, die ins Piringebirge fliehen, oder von aufsässigen Gruppen, die in China verfolgt worden waren.

Wir sangen also viel; einer meiner Brüder, der Rolli, baute sich selber eine Balalaika, mit der Bespannung wie bei einer Gitarre. Unsere Tante Gittel war davon so entzückt, dass sie dem Rolli dann ihre erstklassige Laute schenkte. Die besaß die von ihrer Mädchenzeit noch und die rettete sie durch den zweiten Weltkrieg hindurch; rätselhaft, wie. Nur die Saiten musste er nachher stimmen, nach Gehör; im Krach des zweiten Weltkriegs hatten die sich verstimmt.

Und außer Singen hatten wir viel zu tun, die Mühle auf Zack zu bringen. Im Dachboden fand ich alte Zeitungen, die waren noch von der Zeit vor der Nazizeit, teilweise sogar noch von vor 1899. Da war ich begeistert. Und die lokalen Nachrichten standen bei diesen Zeitungen auf Seite eins. Die Große Politik kam weiter hinten.

Vor allem den Hauptraum, vielleicht fünf Meter mal sieben Meter groß und mit den achtzig Zentimeter starken Mauern, weißten wir komplett. Nachdem wir zunächst den jahrzehntealten Dreck rausgeschleppt hatten, ... ich weiß gar nicht, wo wir den hinschleppten und hintaten. Und auf die weißen Wände malten dann der Gitarrenspieler – der an unserm Dreihundert-Schüler-Gymnasium der beste im Fach Kunsterziehung, also in Malen war – und der Rolli riesige Zeichnungen. Sie malten Gegenstände, die wir *auf Fahrt*, auf Auslandsfahrten, mitnahmen, »wichtige« Dinge. Oder Tiere malten sie; ich erinnere mich da an einen Wolf; bös gut gemalt. Mit Wandfarbe malten die das außerdem. Und ich? Hatte ein kleineres Eckzimmer, vielleicht drei Meter mal fünf Meter groß, ohne Bemalung; zwei Wände konnten auch gar nicht bemalt werden, weil die voller Fenster waren; mit Fenstern nach zwei Richtungen, auf das Bachtal unterhalb der Mühle und auf den Mühlenhof; in diesem Hof, seitlich natürlich, hatte sich wohl einmal das Mühlrad gedreht. Das Mühlrad war oberschlächtig – also das Wasser stürzte von oben über das Rad, das Rad tunkte nicht etwa in einen breiten großen gemütlichen Bach ein; dann wäre es ja unterschlächtig gewesen. Das Mühlrad war schon lange weg. Das Zimmer richtete ich mir mit unsäglicher Mühe her. Und hier übernachtete ich, immer mit Schlafsack. Die Schlafsäcke waren noch nicht so komfortabel wie heute, sie waren viel schwerer, und sie waren weniger warm. In diesem Zimmer war ich oft alleine, und in diesem Zimmer dichtete jemand seine ersten sechzig Texte …, ich.

Ich hatte da quasi ein reguläres Zimmer zusätzlich, zu der beengten Familienwohnung in Schönwald. Außerdem gab es in der Mühle noch eine richtige Küche, mit Kohlenherd.

Aber es ist schon noch mehr mitzuteilen; zwei Namen spielten zum Beispiel eine Rolle, Angermann – der Mondbuchmaler – und Kadura. Ihm hatten wir nachher einiges zu verdanken.

Wir sangen Räuberlieder. Oder Seemannslieder, Shanties; Lieder, die Segelschiffmatrosen gesungen hatten, aber wir war'n nicht Räuber. Danach stand uns nicht der Sinn. Es war für bürgerliche, sogar für großbürgerliche Familien schon aufsässig genug, dass wir nachts öfter nicht zu Hause schliefen; dass wir tagelang komplett auf uns gestellt waren, – daraus resultierte dann auch meine bannige Lust, zu trampen, … nach Portugal, nach Kleinasien, an die Nordsee.

In der Wassermühle im Wald sangen wir außerdem Blues, nicht nur Shanties. Oder eben von Wandervogeljungens gedichtete Seefahrerlieder, nicht selten Kitschiges. Und einmal, ein einziges Mal in den vier Jahren unsres Mühlendaseins, gegen Ende, sagte der le Maire – wir hatten ein bisschen Rotwein getrunken –: »Jetzt müssten wir halt ein Mädchen dahaben«, und ich weiß noch heute, wie albern mir der Satz vorkam. Denn er lag zu nahe.

An Erwachsenen tauchte hier an der Mühle nur der Fischmeister auf. Ganz gelegentlich einmal; nicht oft. Der Fischmeister war ein stämmiger Typ. Und der von der Borch kam nie, der hatte Besseres zu tun, er jagte in seinen riesigen Waldungen hier. Er hatte mir ja auch bei dem Mühlengespräch gesagt, wir sollten da nicht abends im Wald herumkriechen. Damit man uns nicht träfe, wenn er oder wenn seine Frau auf Wild schössen.

Das hieß natürlich: wenn der etwa aus Beklopptheit versehentlich auf mich oder einen meiner Freunde geschossen hätte statt auf Wild, weil er dachte, das wäre ein Reh. Ich zum Beispiel. Ein ziemlich im Gezweig von jungen Fichten verdecktes Reh. Oder ich wäre gar ein Hirsch?

Seine Frau hatte damals in Wahrheit noch gar nicht den Jagdschein und schoss noch nicht. Das bekam ich erst später heraus.

Ich habe »ja, ja« geantwortet, aber ich habe mich nicht um seine Aufforderung gekümmert. Immerhin, gemerkt habe ich mir seine Ermahnung bis heute. Und ich dachte mir zweitens, ohne es laut zu sagen: hallo … das ist von Gesetzes wegen erlaubt, abends im Wald herumzulaufen, auch wenn es ein Privatwald ist, er muss da besser beim Schießen aufpassen. Hätte ich das mal laut gesagt! Aber so war ich *doch* nicht in dem Alter. Und dann hätte das nichts mit der Mühle gegeben.

Mit richtig vielen Jungens waren wir nie da hinten in der Waldmühle. Die Gleichaltrigen sonst, die waren zu brav. Zu zahm, domestiziert. Einen Jungen aber, jünger als wir, brachte der le Maire dann doch einmal in die Mühle mit. Unser Existieren in der Mühle hat dem Jungen, der gern viel malte – und zwar äußerst unbekümmert malte –, gewaltig imponiert, noch zwanzig Jahre später hat er dann so Accessoires von der Kleppermühle gemalt, auch Teddybären, die wie Menschen dasitzen, und er ist später Prof für freie Malerei geworden, an der Kunsthochschule Nürnberg. Vorher war er eine Zeitlang Schüler von Beuys – ein sehr widerborstiger Schüler. Der weltberühmte Maler und von Studenten vergötterte Professor Josef Beuys hat den Peter Angermann nicht leiden können.

Auf unseren Mühlentreffs war auch die Rede davon, einen weiteren Gleichaltrigen dort hinzubringen, einen unserer ehemaligen Hofer Mitschüler.

Ute Kühnst, die ein klein bisschen schon Bescheid weiß: »Der Kadura hat euch durch seine Blödheit euern Traum verdorben. – Was habt ihr mit ihm gemacht? Ihn verdroschen?«

Den Kadura haben wir nicht niedergeboxt. Kadura war in Schlesien geboren; vaterlos wuchs er auf. Eine Rumpffamilie; so was damals schon. Ich kannte den Kadura schon Jahre. Der Kadura malte auch überragend gut, er war aber jetzt zu dem Zeitpunkt nicht mehr am Gymnasium. Er war abgegangen ohne für uns erkennbaren Grund. le Maire redete mir zu: »Gestatten wir doch dem Kadura, da eine oder zwei Nächte – auch ohne uns – in der Mühle zu bleiben. Zu wohnen.« Ich willigte ein. Das sollte ich bitter bereuen, es war der Anfang vom Ende. Und mit dem Ende war ich dann auch mein picobello Eckzimmer mit den vielen Fenstern los. Unmittelbar bevor ich erlaubte, dass der Kadura ohne uns übernachtete, erfuhr ich aber was durch den le Maire. Klaus Kadura sei dann noch mal, als er den Schulbesuch schon drangegeben hatte, zu unserem Gymnasial-Rex gekommen, ins Direktorat. Der Rex war in einer Person zugleich noch die nächsthöhere Instanz, der war zugleich der Regierungsbeauftragte der Gymnasien von Oberfranken und er war einst Corpsstudent gewesen. Er hatte das Gesicht voller Mensurschmisse – vom Degen-Fechten –. Er hatte zweimal promoviert: Dr. Dr. Julius Andreae. Kadura kam zu dem plötzlich und machte dem Direktor irgendwelche allgemeinen Vorwürfe. Er zog vor dem Direktor ein Messer, ein Hirschfänger soll das gewesen sein. Ich hab diesen Hirschfänger nicht geseh'n, aber so was hätte eine verdammt lange Klinge, und Klaus Kadura bedrohte akut im Direktoratszimmer den Rex. Leider weiß ich nicht, wieso dem Andreae nichts geschah. Überwältigte etwa der Dreiundsechzigjährige den Achtzehnjährigen, der einen blitzblanken, spiegelblanken und scharfen Hirschfänger gehabt haben soll und der auf ihn losging? K. A. Auf jeden Fall hätte ich begreifen sollen, dass der Kadura sich auch von *der* Seite zeigen konnte. Kadura war komplett unberechenbar. Aber als ich das seinerzeit ganz zuletzt noch erfuhr – »Kadura klinisch daneben« –, war ich nur bass erstaunt. Ich jedenfalls fühlte mich immer noch nicht vom Kadura bedroht. Und dann bekam ich eine Nachricht von dem Freiherrn.

Ich sollte mich alsbald mal bei Herrn von der Borch einstellen. Ich ging also hin, ahnungslos. Alhard von der Borch empfing mich in einem sehr großen Zimmer des Schlosses … die gegenüberliegende Wand des Zimmers sah klein aus. Die war ganz klein, so weit war die weg! Bei der Größe des Zimmers.

Und von der Borch eröffnete mir, dass ich die Mühle von nun an nicht mehr zu betreten habe. »Ende.«

Zu viel für mich. Ich spürte was, physisch beinah, – aber ich war im Moment auch noch mit der Wand, die mir so klein dünkte, beschäftigt. War die Wand regelrecht zu klein? Kam mir so vor. Und die Zimmerdecke, ich vergewisserte mich, machte ja auch keine Krümmung. Durchaus keine Biegung nach unten, die Zimmerdecke.

Den Schlüssel zu der Mühlen-Haustür hab' ich aber heute noch. Einen übergroßen und keineswegs rostigen, sondern schön silbrig glänzenden Schlüssel. Trotzig hab' ich den noch; den Schlüssel eines einfachen Kastenschlosses, wie das um 1850 bei schlichteren Häusern an der Tagesordnung war. Ich könnte also heute noch in die Mühle hineingehen. Naja, nur bin ich eben in Berlin, säuisch weit weg davon.

Was war gewesen? Der Fischmeister hatte uns verpetzt beim Freiherrn Alhard. Der Fischmeister hatte allerdings auch was gesehen. Er hatte mitgekriegt, wie der Kadura nach zwei Tagen schließlich vormittags die Mühle wieder verließ. Und dann waren dem Fischmeister noch komische Rauchwolken in der Mühle aufgefallen. Sie kamen irgendwie aus der

Haustür, gar nicht so aus dem Schlot. Schon komisch. Der Fischmeister hatte Schlüssel zu der Kleppermühle, er ging hinein, und da sah er: Kadura hatte noch glühende Briketts aus dem Ofen herausbefördert und einfach auf den dicken Holzbohlen davor liegen lassen, im Flur. So hatte Kadura die Mühle verlassen.

Kurz, der Fischmeister bewahrte also die Mühle vor dem Abbrennen, indem er die Briketts wegschaffte. Er schleppte die lediglich vor den Mühleneingang, dort war alles Stein. Wären die Briketts weiter auf den Dielen geblieben, hätte die Mühle in kurzem gebrannt. Solch ein brennendes Haus ist mit Wassereimern praktisch auch nicht zu löschen. Bis ein Feuerwehrzug von Schönwald oder Rehau da angekommen wäre – die wär' abgebrannt. Der Fischmeister meldete das mit den Briketts sofort dem von der Borch. Er hätte es auch mir melden können, wir hatten damals schon Telefon, und er hatte die Telefonnummer unsrer Mutter.

Alhard von der Borch sagte zu mir nur einige wenige Worte, in dem riesigen Zimmer. Ich flehte ihn an, ich sei da über den Charakter des Kadura im Unklaren gelassen worden. Und vor allem würde ich künftig keine Dritten mehr in die Mühle bringen.

Natürlich umsonst. Die Mühle war für uns gewesen. Ich wollte mich damit nicht zufriedengeben, ich setzte noch einmal neu an. »In Ihrer weiteren Verwandtschaft ist ja auch ein von Plettenberg, ein ganz hoch ausgezeichneter General der Infanterie gewesen, Karl von Pl–«

Ungeduldig er, fingertrommelnd: »Ja na und?«

»Dessen Mutter ist ja eine geborne Minette von der Borch gewesen. Und insofern ist der am meisten Ausgezeichnete des ersten Weltkriegs verwandt mit Ihrer Familie –«

»Nebenlinie nur von uns.«

»Immerhin. Über seinen Tod zwanzig Jahre später hat dann sogar die ›New York Times‹ berichtet. Die Bedeutung seines Pour le Mérite und des Schwarzen Adlerordens und Ihres Ritterkreuzes –«

»Das ist was vollkomm'n Verschiednes.«

»Ein höchster Kriegsorden aber doch in beidem Fall und im Rang jederzeit vergleichbar.«

»Bei meinem Vater hätten Sie vielleicht mit all dem mehr Eindruck schinden können, aber mein Vater liegt ja seit zwei Jahren hier auf dem Friedhof.«

Noch nie hatte ich mich damals über derlei ausgelassen in meinem Leben, noch nie solche Ordensnamen in den Mund genommen, und, zugegeben, es interessierte mich auch gar nicht so besonders. Ich hatte in meiner Rederei alle Register gezogen. Noch dazu ganz unvorbereitet war ich da jetzt 'reingeschliddert. Ich hatte Sachen angeschnitten, die mir eigentlich piepe waren, von denen ich aber wusste: kaum einer gelangt an solche Ehren. Die Katze ließ ich jetzt unvermittelt aus dem Sack. »Mein Vater hat nach der Schlesien-Vertreibung ein Jahr in dem Ort Plettenberg gelebt. Und da ist von der Minette von Plettenberg, geborner von der Borch, auch mehrmals gesprochen worden. ... ... Herr von der Borch. Können Sie Ihr Nein nicht doch rückgängig machen?«

»'n n. Geben Sie sich weiter keine Mühe.«

Den Kadura, das Rindvieh, habe ich niemals mehr zu Gesicht bekommen. Er ist längst gestorben; zwei Jahre nach seinen Kleppermühlenübernachtungen. Im Jenseits, ja, da darf er sich jetzt Vorwürfe machen, finde ich.

Aber die Wand des Sälchens, in dem ich mit Alhard von der Borch erfolglos, von meiner Seite her ergebnislos gesprochen habe? Die Wand hatte sich auch nicht etwa verändert gehabt, sie pulsierte zum Beispiel keineswegs – so dass es sich eigentlich nur um psychischen Kram von mir gehandelt hätte, um etwas, das sich mir täuschend aufgedrängt hätte. Ich habe Jahrzehnte später noch von dem Sälchen geträumt, und das nicht ein Mal, sondern fünfmal im Lauf der Jahrzehnte. Geträumt, dass ich mich in dem weiten Raum vor der zu kleinen hinteren Wand mit Alhard über ganz Verschiedenes gekampelt hätte. Gestritten hätte. In Parenthese, der Alhard war schon 'n interessanter Mann, aus einer interessanten *Family*.

Träume sind Schäume, ich habe mich aber doch nicht sehr getäuscht. Viel später und zwar Jahrzehnte später, 1990, hatte ich dann plötzlich Klarheit. Da hörte ich von Frau von der Borch, sozusagen der Witwe von Alhard – nur, Ruthmaria war zuletzt noch von ihm geschieden worden –, wie nach 1945 die Amerikaner einen Großteil des Schlosses besetzt hätten. Die Familie von der Borch hatte auf die Weise ganz beengt gelebt. Nach einem Jahr zog die US-Schwadron ab, am nächsten Tag rückte eine andre Schwadron ein, und in der einen Nacht dazwischen ließ Alhards Vater Carl-Otto von der Borch quer durch den riesenhaften Esssaal des Hauses eine Mauer ziehen. Der ließ da 'ne Mauer bauen! So gewannen Borchs den halben Esssaal an Wohnfläche dazu. Die beauftragten Maurer spielten mit. Die mauerten die Nacht durch, sie tünchten auch auf der Seite der Amerikaner. Auf der Seite von Borchs zu weißen, dazu reichte die Zeit nicht mehr; und der ganze Hokuspokus fiel den neu einziehenden Amerikanern nicht auf. Sie hatten ja soeben einen Weltkrieg gewonnen; begreiflich, dass ihnen da nicht die Neuheit einer Wand auffiel. Die neuere Wand habe ich dann 1958 gesehen und sie irgendwie als nicht ganz passend erlebt.

Von Alhard von der Borch wird noch mehr die Rede sein. Erst ist anderes jetzt dran.

Heut', während ich das eintrage, einundzwanzigsten Mai 21, herrscht in der Welt weiterhin die Corona-Pandemie. Und ein durchaus scharfsinniger Kritiker, der Michael Thumser, ich kenn' ihn, behauptet in seiner Kolumne *ho-f*, in seinem Hochfranken-Blog, *Längst erschrecken wir, sobald sich in einem Fernsehfilm zwei die Hände schütteln.*

Aha.

Ich zähl' mich keineswegs zu den Querdenkertypen, und doch habe ich grade heute jemandem, mit dem ich noch nie geredet habe, nach Ende einer Unterhaltung die Hand gegeben. Wir unterhielten uns über den einstigen Borchschen Pachtwiderruf.

Ich folglich erschrecke nicht. Aber das mag vielleicht ’ne Ausnahme sein? Anscheinend ja. – Man könnte überhaupt die meisten Personen, die hier bis jetzt aufgetaucht sind, noch ein Stück weiter verfolgen. In diesen Personen bündelt sich so manches. Wie sich zeigen wird. Wieso kam Ben dazu, die Hand doch zu schütteln?

2. KAPITEL
Die Amis

Na ja. Man hat den Ben oder den le Maire inzwischen schon ein paarmal als ›bedenkenlos‹ bezeichnet. Zu jener Zeit, Fünfziger Jahre, hatten zum Beispiel der le Maire oder Ben ihre eigenen Sachen vorangetrieben. Das heißt, wir kümmerten uns nicht ganz so viel darum, wie die anderen etwas machten. Wir waren nicht grade »frei« damals, aber wir versuchten doch, möglichst über uns selber zu bestimmen. … Und das könnte wohl interessieren.

Die Amis erreichten Schönwald am 19. April 45. Die Amerikaner rückten, von Coburg und von Hof her südöstlich, weiter vor. Wir Gölers, Mutter, wir Kinder, Tante, Pflichtjahrmädchen, hatten knapp vor Mittag unseren Wohnraum verlassen. Kurz vor Mittag? Komische Zeit; so erschien mir das. Normal war das nicht. Das Mittagessen, ohne einen Bissen gegessen zu haben, stehnzulassen?

Wir gingen knapp vor Mittag zwei Gärten weit von unserm Wohnraum in den festen Keller der gelben Villa – um uns vor Granatbeschuss zu schützen – und zusammen mit vielen andern Leuten, die wir überhaupt nicht kannten. Es war nicht klar, ob die Amerikaner Granaten schmeißen würden.

Doch. Die warfen. Und zwar dreihundert Meter von außerhalb unsres Industriedorfs Schönwald. Fünf Häuser wurden so zerstört. Es gab vier Tote, eine Dreizehnjährige wurde auf der Straße von einem

Granatsplitter getötet. Das erfuhr unsre Mutter erst einen Tag später. Aber weil wir es nicht erlebt hatten, beeindruckte es meine Geschwister und mich nicht.

Wir warteten im Keller drei Stunden lang, und unser Pflichtjahrmädel Marianne rannte alle paar Minuten aus dem Keller hoch: Waren die Amerikaner selber schon da; nicht nur deren Granaten? Nein, bei uns hier war'n die Amerikaner noch nicht. Von Marianne wurden sie sehnlich und schwer neugierig erwartet. Dunkles Motorengebrumm kündigte sie uns allen gleichzeitig dann an, die Kellertür stand durch die ständig hin und her titschende Marianne immerzu auf, und insofern war's sinnlos, dass wir überhaupt im Keller ausharrten. Aber Väter, Großväter waren hier nicht dabei, die Frauen wussten weniger Bescheid über Sprengwirkungen.

Die behelmten Männer drängelten sich auf ihren Panzerspähwagen hoch oben oder saßen von den Panzerspähwagen ab und zielten nicht mit irgendeiner Waffe auf uns; sie waren ganz freundlich und nur sprachen sie nicht deutsch. Locker freundlich: das war der erste Eindruck für mich, und der ging dann bruchlos über in mein Verhältnis zur gesamten amerikanischen Nation. Hier am Anfang und dann noch lange bestand für mich die Besatzungsmacht aus jungen, drall wohlgenährten, legeren Soldaten; ausschließlich männlichen Wesen. Sie ›hatten jetzt die Macht‹, und von diesen Personen fühlte ich mich aber nicht nennenswert eingeengt; längst nicht so gegängelt wie von manchen Deutschen und wie früher von unserm Vater.

Die Gölersche Familie war hier in der amerikanischen Zone. Die englische Besatzungsmacht war für mich bereits etwas übler. Dubioser als die amerikanische; irgendwann schnappte ich was von den Erwachsenen auf, dass »die Engländer« sich da und dort nicht ganz so nett den Deutschen gegenüber benehmen würden. Und die englischen Soldaten schenkten offenbar auch, fern im Rheinland und in Hamburg, den Kindern oder jungen Frauen keinerlei Schokolade. Schon bedenklich. Ich war froh, dass ich in der amerikanischen Zone war, ... und es war dabei egal, dass ich nie oder höchstens ein einziges Mal Schokolade von den Amerikanern bekam; es gab da mehrmals Handicaps, wie die von den hohen Panzerspähwagen herunter mir die Schoko aushändigen sollten. Die Amerikaner waren noch ein paar Wochen in Schönwald; ihre Anwesenheit machte aber auf mich kleinen Jungen überhaupt keinen Eindruck, schon gleich keinen bedrohlichen.

In Schönwald liefen auch »Amiliebchen« herum. Das waren allesamt junge Frauen, die aus Köln wegen der dortigen Bombenangriffe hierher evakuiert worden waren. Meine Familienleute und viele andere dachten nicht allzu gut von den Amiliebchen; dass die mit unseren alten Feinden so freundlich jetzt taten, das sei wohl nicht das Wahre. Ich hörte das von den Erwachsenen, es leuchtete mir ein, und ich fand die Amis aber doch nicht schlimm. Die Amis waren eigentlich Feinde und zugleich nicht böse. Dazu immer tadellos angezogen in ihren Ausgehuniformen – die wir als einzige sahen –. Im Wesen offenbar nicht bösartig, nicht hinterhältig. Ich kannte diese amerikanischen Soldaten nicht, aber sie erschienen mir doch nicht fremd. Und so blieb das für mich noch über viele Jahre hin.

Als die Amerikaner Schönwald noch nicht erreicht hatten, sprach sich bis in unsre Familie herum – vier Tage vorher –: gegenüber auf unserer Straße holten sich ja die Leute aus einem Fabriksflügel Tuch heraus. In der Porzellanfabrik lagerten – was wir wieder mal gar nicht gewusst hatten – unvorstellbare Mengen von Stoffballen, und die Leute nahmen sich jetzt von den Stoffballen. Niemand schritt dagegen ein. Dass die Erwachsenen – nicht Kinder, sondern die unfehlbaren Erwachsenen – sich hier mit ungeheuren Mengen bedienten, fand ich reichlich komisch. »Dürfen die das?« fragte ich meine Mutter. Undeutliche Antwort, kein klares Nein unsrer Mutter; das erstaunte mich. Ich spürte aber, dass unsre Mutter das Rausholen nicht guthieß. Wem gehörten die wertvollen Stoffe? Unklare Erwiderungen.

»Wer verteilt das denn?« fragte ich.

Ha, ha.

Ich sah dann am nächsten Tag auch regelrecht, wie die Leute sich mit aufgepackten Sachen aus dem Fabriksflügel entfernten. Das fand ich nicht gut.

»Brauchen die Leute denn jeder *so* viel?« fragte ich außerdem. Ich beteiligte mich nicht. Ich wunderte mich sowieso schon, dass dies Gebäude jetzt offen war; bisher war der ältere Fabriksabschnitt immer knallfest abgeschlossen gewesen.

»Englische Tuche?« fragte ich unsre Mutter. Denn ich hatte irgend einmal gehört, dass englische besonders gute Tuche seien. »Nein!« bekam ich hier das einzige Mal die feste Antwort.

Ich fragte meine Mutter, ob das noch ewig ginge mit dem Sich-Nehmen, und wie lange die Leute sich da noch holen würden? Die Sachen, gehörten die der Porzellanfabrik, so viel Stoff? Wieder eine undeutliche Antwort unsrer Mutter, »nein«. Warum war'n die schönen Sachen dann da in der Porzellanfabrik?

Nichts aus den Erwachsenen herauszukriegen, es waren wohl komplizierte Verhältnisse.

Die Sachen waren da, weil das Oberkommando der deutschen Kriegsmarine Aufbewahrungsraum gebraucht hatte und ein solcher Ort der Aufbewahrung kein Bombenziel sein sollte; der kleine Ort Schönwald wurde, trotz der Industrie, nie bebombt. Der war zu weit von England weg und vermeintlich zu unbedeutend.

Erneut überrascht war ich dann, als an einem nächsten Tag Schluss mit dem Sich-hier-Nehmen war. Es war vielleicht nichts mehr da? Viele Fremdarbeiter hatten sich obendrein bedient, eine ganze Weile habe ich später noch gedacht, die zumindest dürften das regelrecht. Und rätselhafterweise hinterher in den nächsten Tagen und in allen weiteren Wochen wurde mit keiner Silbe mehr von dem Sich-Mitnehmen geredet. Überhaupt kein Thema. Wieder was, worüber ich nachdachte.

An diesen Plünderungen aus dem Textilienbestand, Plündern außerdem von erstklassigen Schuhen, von Lederklamotten und einigen Sachen, die ich leider vergessen habe und die sämtlich deutscher Marinebesitz gewesen waren, beteiligten wir uns nicht, unsre Mutter sich nicht, wir Kinder uns nicht. Ich hatte zu solchem Besitzerwerb gar keine Lust. Trotzdem wurden wir von mittelhohen Büroangestellten der Porzellanfabrik danach mit einigen Tuchen beglückt, die aus den Beständen stammten, und Jahre später bekam ich aus edlem superguten, superfesten Stoff eine lange Hose geschneidert, edelgrau. Die liebte ich sehr. Niemand hatte dann was aus so traumhaft-erstklassigem Stoff. Darauf komme ich auch noch zurück.

Im Südwesten Deutschlands, Schwarzwald und der Gegend, hatten die französischen Besatzer das Sagen. Die seien noch viel weniger toll als die englischen Besatzer; so hörten wir, und ich war heilfroh, dass hier in Schönwald keine französische Zone war. Ich bekam erzählt, dass die Franzosen in fürchterlichem Umfang die Wälder des Schwarzwalds abholzten. Das nahm ich den Franzosen sehr übel. Überall da, wo die etwas zu entscheiden hätten, – so hieß es – würden sie härter als die Amerikaner durchgreifen und nur zum Nachteil der Deutschen, und ich glaubte es unbesehen. Mehr wusste ich zunächst über die französischen Besatzer nicht; einige Jahre später hörte ich, nicht von einem simplen Proleten, sondern von einem Angehörigen eines Max-Planck-Instituts, dass die Franzosen wegen ihrer Sex-Gewohnheiten bei den Pfälzern nachgerade verhasst waren. Die Pfälzer hatten mit

Franzosen viel zu tun. Weiß der Teufel, was da nun stimmte. Dieser Aspekt entzog sich mir sowieso.

Sowjetische Besatzer habe ich nicht zu Gesicht bekommen. Russen, nicht einen. Ich staunte nur, dass meine Patentante soundso oft nach 1945 von Westberlin aus schwarz über die Grenze ging. Sie schlug sich durch die russische Zone bis zu uns nach Nordbayern durch. Sie wurde, meine Patentante, noch dazu als 'ne vornehme Frau angesehen. Sie rangierte als Wissenschaftlerin knapp unterhalb der Vorstandsetage der Berliner ›Königlichen Porzellanmanufaktur‹ KPM und sie hatte das entsprechend schöne Geschirr, privat sie. Dass sie sich in den Einflussbereich der Russen begab, blieb mir unbegreiflich. Kommunistin war sie nicht. Hitlerisch nicht im Geringsten. Die war monarchistisch. Vor allem staunte ich, dass sie Russen leibhaftig gesehen hatte.

Die Russen wurden uns Kindern ohne viel Federlesens als schlimm hingestellt. Die verschiedensten Erwachsenen redeten so, wir Kinder übernahmen das. Ich hatte keine Möglichkeit, das zu überprüfen. Ben kam sich als vom Glück begünstigt vor, dass wir Gölers auf der Westseite des Churchillschen Eisernen Vorhangs gelandet waren …

Als ich meinen Vater später in Schönwald wieder erlebte, redete er mit uns Söhnen über seine mehrmonatige Kriegsgefangenschaft – bei den Russen auf schlesischem Boden – und über seine einwöchige Flucht. Dass die Russen regelrecht böse oder niederträchtig gewesen wären, hat gerade mein Vater uns nie gesagt. Einmal erzählte er nur: am Anfang sei ihnen, den deutschen Gefangenen, befohlen worden, sich ›Linie zu einem Gliede‹ nebeneinander aufzustellen, und ein Russe sei die Linie abgegangen. Hin und wieder habe dabei ein Deutscher kerzengerade dagestanden, aufgerichtet, nicht irgendwie lasch, nicht jämmerlich, eingesunken. Diese so Dastehenden seien von dem Russen sofort 'rausgefischt worden. Und denen sei's dann mies und dreckig ergangen. Die Russen hätten solche Männer als nichtproletarisch durchschaut.

Noch viel später, als ich ab 1967 mehrfach nach Polen gefahren bin, habe ich russische uniformierte Soldaten in den Straßen von Legnica flanieren sehen. Da sah ich Russen zum ersten Mal. Bei ihrem Anblick ein kaum beschreibbares Gefühl: absolut fremde Menschen dies, unbeurteilbar und nicht einzuschätzen, psychologisch nicht erreichbar, höchst gefährlich. Ich staunte nur immer, dass die Zivilisten um mich herum, die Polen, so ganz unbekümmert an denen vorbeigingen. *Ich* war in diesen Augenblicken das Gegenteil von unbekümmert; ich hatte heftige und nicht grade behagliche Gefühle. … Daran seh' ich heute, dass ich doch schon damals Pazifist war.

Dass die amerikanischen Besatzer 1945 monatelang, nämlich mindestens bis Juni 1945, einundzwanzig gigantische »Rheinwiesenlager« unterhielten, mit anderen Worten, schlicht stacheldrahtumzäunte Felder, mehrkilometergroße Areale, mit insgesamt 3,4 Millionen Kriegsgefangenen, und dass sie die Gefangenen wiederum die ersten Monate durchaus nicht verköstigten – weil sie das nicht konnten –, davon ahnte ich damals und noch Jahrzehnte später nicht das leiseste. … ›Konnten die POWs nicht mit Essen versorgen‹? Hatte, frage ich inzwischen, Eisenhower diese missliche Situation in die USA hinübertelefoniert? Rechtzeitig, im ersten Monat; oder hatte er nicht? Die Vereinigten Staaten wären schon zwei Monate eher in der Lage gewesen, Nahrungsmittel herbeizubringen. Aber da standen zunächst politische Erwägungen entgegen. Von den Rheinwiesengefangenen sind denn auch mindestens achttausend schlankweg verhungert; die hatten zu wenig Gras gegessen. Nicht so viel Gras wie andere …

Die ganzen Jahre 1945 bis 1965 waren für mich die US-Amerikaner »die guten«. Und in meinem Gymnasium, einem humanistischen Gymnasium, wurde die Existenz der Amerikaner immer ausgespart, überhaupt die amerikanische Politik. Die wurde nicht erwähnt. Vor der Zeitgeschichte nahmen die klugen Lehrplanverantwortlichen im Kultusministerium München Reißaus. Zeitgeschichte war kein Schulstoff. Und die verantwortlichen Erwachsenen waren glatt inkonsequent.

Meine freundliche US-Einstellung fiel mir auch überhaupt nicht auf, weil unsere Familie ab 1947 aus den Vereinigten Staaten »Care-Pakete« geschickt bekam. Dreierlei Verwandte oder Nachkommen von Freunden bedachten uns mit Hilfspaketen, wir waren da anfangs sprachlos. Eine der Wohltäterinnen lernte ich Jahrzehnte später noch persönlich kennen; da blieben Überraschungen nicht aus.

Die Pakete waren immer schon vier Wochen alt. Die waren schon so viel eher gepackt worden, sie kamen natürlich mit Schiff. Bauchige wuchtige Pakete. Wir Kinder bedankten uns mit Briefen auf deutsch, die Eltern mit englisch geschriebnen Briefen. Vor allem gelangten wir durch diese Pakete an Textilien, … aber die Pakete enthielten unter anderem auch Drops. Das sind Bonbons. Solche Rollen saurer Bonbons waren eben zufällig gerade 1948 in den USA beliebt. Bei vielen Klamotten, die offensichtlich mal von recht Betagten getragen worden waren, wunderten wir uns nur über die unmöglichen Farben. Knallige Muster und Farben. Dass so was nun unsre durchaus muntre Großmutter angezogen hätte, undenkbar. Auch hier sind die Amerikaner, Amerikanerinnen uns fünfzig Jahre voraus gewesen. Wir und natürlich wieder ich fanden diese Kleidungsstücke nur extrem unpassend. »Geschmacklos!«

Andererseits wussten wir nicht, dass damals in USA-Städten nah bei Postämtern oft Geschäfte extra für Care-Pakete Kledage anboten, getragene Kleidung.

Außerdem rutschten uns aus den Paketen immer Fotos entgegen, zum Teil übergroß-formatige. Die interessierten mich; da konnte ich mir schon ein bisschen das Leben unsrer Wohltäter vorstellen. Die eine Verwandtschaft besaß »Papiermühlen«, Mehrzahl, in Cleveland. Der Patriarch der anderen Sippe war Pianist von Beruf; den hatte meine Großmutter, bevor er ausgewandert war, gut gekannt, die hatte sich ein bisschen in den verguckt gehabt. Soweit sie sich das einzugestehen wagte im damaligen Jahrhundert, nicht dem letzten, sondern dem vorletzten.

Die Textilien trugen wir und ich dann. Und denen verdankte ich tatsächlich was von meinem Ruf unter Gleichaltrigen. Eine schaffellgefütterte Überjacke hatt' ich da auch; schließlich trug ich von der nur noch das innere Schaffell, und in dem bezirzte ich erheblich später die Mutter meiner noch nicht auf die Welt gekommnen Tochter.

Dass die Amerikaner vielleicht doch nicht so ganz die guten waren, wurde mir erst nach gehöriger Zeit durch meinen einen Bruder eingeimpft. Der Rolli bezog seine Ansichten von den 68-er Studenten her. Er hatte auch vorher etwas weniger US-Drops-Rollen abbekommen.

Mit den Demos ging das für mich in Köln und 1966 an. Ich beteiligte mich in Köln an einer trotzigen zähen Demo dicht bei der Universität; und diese Demo ist für Studenten, sofern sie alt geworden sind, heute noch gegenwärtig geblieben. Eine Demo auf den Straßenbahngleisen war das; wir demonstrierten wegen so was Tristem wie den Straßenbahnpreisen. Erhöht sollten die Preise werden. Die Demo weitete sich aus, die Straßenbahnen blieben sowieso stehen, in endloser Reihe standen die dann bald, noch nie war so was gewesen. Mehr und mehr leitete das eine Studentin, die zarte Anke Brunn. Die wirkte aber nur zart, sie ging gar nicht zart vor, das sah ich. Sie regelte die ganze Geschichte mit ein paar engsten Mittuenden von einem PKW aus, dessen Türen sie weit offen stehn hatten.

Ich fragte mich und fragte andere, »was will die denn?« Sie machte das aber total klug. Richtige Antwort kriegte ich von meinen Umstehenden auch nicht. Hörten die Demonstrierenden auf die, weil sie von dem Auto aus alles händelte? Von dem Auto aus, hatte das erhöhte Wirkung? Anke Brunn ist neunzehn Jahre später für ein Jahrzehnt lang die Wissenschaftsministerin in NRW gewesen.

Ich nahm nach dieser Demonstration nur wenig noch an Demos teil. In Hörsälen bei einigen Sit-Ins – neues Wort – setzte ich mich mit hin (vorher suchte ich mir die dafür brauchbaren Bluejeans heraus). Aber ich dachte doch weniger an die zu verändernden Lehrinhalte als an Bücher, die ich schreiben wollte.

3. KAPITEL
Dollarbesitz in Polen

1968 begann in Wirklichkeit bereits 1967 mit der Berliner Anti-Schah-Demo. Ich fand das ja gut und prima. Ich war da auch grade wochenlang in Berlin, in der Wohnung meines Bruders Rolli, der ein Rom-Architekturstipendium hatte. Ich las jedes Flugblatt, und bald kamen in der Mensa beinah täglich neue Handzettel auf die Tische. Vielleicht doch etwas zu viel für ein singuläres Individuum. Sie wurden dort an uns Studenten verteilt.

Die Diktion, auf die ich schon auch sehr achtete, war mir ein bisschen zu verkopft, ein bisschen zu kopflastig. Und immer derselbe Stil. Ich engagierte mich jetzt nicht allzu berserkerhaft. Und warum nicht: Weil ich gerade einen längeren Roman in der Mache hatte. Den gedachte ich erst mal zu Ende zu schreiben. Ich wollte ihn unbedingt meinen persönlichen Vorstellungen entsprechend beenden, das zog sich hin und hin. Aus wirklicher Knappheit an Zeit habe ich nicht so dick bei den Studenten mitgebrüllt. In meiner Kölner Studenten-Etage, in der ich ein Zimmer bewohnte, – es war keine anrüchige WG –, kam im Zimmer gegenüber auf meinem Gang, einen Meter fünfzig weit von mir weg, allabendlich eine Gruppe von an die zehn Studenten zusammen. Die wie wilde diskutierten. Sie redeten und war'n leidenschaftlich dabei. Ich konnte, wenn ich wollte, manches über den Gang 'rüber mit anhören, aber ich schrieb an dem streckenweise experimentell aufgezogenen Romanprojekt. Von exilpolnischen Nachkriegsleuten bei Radio Free Europe ließ ich den handeln. Über viele, viele Monate hin ging das haargenau immer so, ich schrieb, und einen Meter fünfzig weiter die Studenten mit ihrer restlos anderen Thematik. Ich hatte auch einmal einen Nervenzusammenbruch.

Nur ein paarmal bin ich, als mich der Pit, mein Schulfreund, von Nürnberg her besuchen kam, mit dem Pit dann zwei Häuser weiter gegangen: dort war in der Palanterstraße 5 c der *RC*. Der Republikanische Club, der Treff derer, die schon nicht mehr Student waren, aber immer noch aufmüpfig fühlten oder gar jetzt erst richtig aufmüpfig geworden war'n, und wir mischten uns unter die.

Sieben Sofas standen außer den Stühlen in dem Hauptraum, unordentlich – das war logisch – und verführerisch. Auf den Sofas konnte man sich lagern, und dann diskutierte man mit. Neue Zeit! Wir diskutierten, und es gab da genug weltanschauliche Positionen, mit denen man sich ohne weiteres in ein berufliches Abseits katapultiert hätte und vielleicht gar in den Knast. Jedenfalls in ein fürchterliches Abseits, … so dass man hernach dann nur noch den lieben langen Tag auf vielleicht einem ausgeleierten Sofa hockend verbracht hätte, und weiter hätte man nichts mehr erreicht – verbittert –. Denn die tonangebende Mehrheit der Mitteleuropäer kam nicht zum Republikanischen Club; die Mehrheit bevorzugte und forcierte anderes.

… Meine heutige eigene Wohnung habe ich aber zehn Jahre lang so ähnlich möbliert, wie der RC damals möbliert war. Mit den übertrieben vielen Sitzgelegenheiten. Nur *eine* Couch? Hilfe; so was von stur und gestrig! Dass von ihrer Ideologie gerade nur die Sitzverhältnisse übernommen werden könnten, haben sich die RC-Initiatoren natürlich nicht gedacht. Allmählich meinte ich mir dann so viel Platz nur für die Sofas nicht mehr leisten zu können. Wohin denn da mit den revolutionären Büchern. Ich verfügte ja nicht über Platz wie die von der Borchs zum Exempel, deren Zimmerwände so weit auseinander waren, dass die auf mich schon ganz klein wirkten. Derartige Raumweiten standen mir hier nicht zu Gebote; Zimmer, die noch weitläufig und gewaltig blieben, obwohl sie durch eine Mauer halbiert worden sind.

In Nürnberg wurde mein Pit nun einer der ziemlich Linken, einer der hyperkritischen jungen Gymnasiallehrer. Gegen den erstklassigen Dr. Hermann Glaser, Schuldezernenten und in einer Person Sportdezernenten plus Kulturdezernenten von Nürnberg, hatte er einen schweren Stand, der Dr. Glaser saß fest im Sattel. Ich lernte den Glaser auch kennen und verstand mich prächtig mit ihm. Der ermöglichte mir übrigens später einmal eine literarische Lesung.

Effekte des Republikanischen Clubs aber doch bei mir: ich verteilte auch Handzettel an einem Fabrikseingang, in Köln. Drei-, viermal. Saures Geschäft. Zähl ich diese ganze Zeit zusammen, komme ich langsam auf die Menge an Stunden, die ich mir mit dem

Nicht-Mitdiskutieren drüben bei denen jenseits meiner Flurseite ersparen wollte.

Und ich wählte damals den KBW, Kommunistischen Bund Westdeutschlands, als der bei den bundesdeutschen Wahlen wählbar war. Nach der einen Wahl tat ich das dann wieder nicht mehr.

Jedenfalls fand ich, die Studenten gaben zu schnell auf. Sie resignierten zu rasch. Nach zehn Jahren und noch später konnte ich sehen: allmählich waren überraschend viele der anfänglichen Forderungen im universitären Bereich erfüllt worden. Ich sehe den Einfluss, den die Achtundsechziger à la longue hatten. Aber so manche Studenten hatten längst das Interesse an ihren eignen neuen Visionen verloren.

Die Geschichte einer Familie, erst recht eines ganzen Familienclans verlängert sich manchmal in lauter einzelne Fäden. Sie scheint zuweilen auszupendeln in lauter Einzelheiten. Bei meiner Familiensippe war es das polnisch-deutsche Umfeld. Der eine junge Mann aus der Familie, ich, fuhr mit seiner Dulzinea nach Polen. Er war schon etwas älter, war aber immer noch immatrikuliert an der Uni; eine gewisse Unregelmäßigkeit. Es handelte sich um den Sommer 1967. Um Polen zu erreichen, musste wir erst die DDR passieren, und an der Grenzübergangsstelle Frankfurt erwartete uns, vor allem mich, ein scharfes Verhör. Die Grenzwächter der Deutschen Demokratischen Republik hielten das für angebracht. Das Verhör kreiste um die zu lange Fahrzeit, und sie fanden bei mir im Portemonnaie mehrere schnell hingeschmierdelte DDR-Adressen. Dass die entdeckt würden, damit hatte ich nicht gerechnet. Man argwöhnte Gespräche mit DDR-Einheimischen irgendwo auf der Transitstrecke. (Die NVA-Grenzpolizisten hatten ja recht.)

Die polnischen Grenzer einen Kilometer weiter bei Słubice und dann auch auf der Rückreise noch einmal bei Słubice waren hingegen kulant. Die waren überhaupt nicht unangenehm, meine Freundin und ich atmeten da auf.

Warum fuhr der junge Mann nach Polen? Ich wollte der nur fürs Bett verwendbaren Geliebten ein anderes Land zeigen; ein Land, das ich nicht als so abgegrast wie Italien ansah. Und ich wollte das Haus und das zweieinhalb Hektar umfassende Grundstück mal anschauen; die frühe Kindheit hatte ich da verbracht und vertrödelt; die Fixpunkte der Kindheit wurden dem jetzt selbstkritischeren Mann wichtiger.

Die Eltern einiger Mitstudenten hatten mich höhnisch belehrt: »Die Polen, denen die Häuser und das Land jetzt zwei Jahrzehnte schon gehören, werden auf dich ungut reagieren«. Die Polen nähmen an, solche Deutschen kämen nur wieder, um Besitzansprüche vorzubereiten. Ich hatte mich über die Warnungen hinweggesetzt. Ich setzte mich über die hinweg, weil ich im Gegenteil nur gut fand, dass die Nordseite des Riesengebirges, der schöne Landstrich, nicht mehr in der Verfügungsgewalt der Deutschen war. Die Westdeutschen hatten in den zwei Jahrzehnten seit Kriegsende die gesamte Oberfläche Westdeutschlands landschaftlich verschlechtert. Irreversibel verändert hatten sie die, und sie hätten natürlich die Landschaft um Warmbrunn von einer solchen grundlegenden Umwandlung nicht ausgenommen. Ich begrüßte also nur, dass die Polen jetzt in diesem Gebiet das Sagen hatten. Und ich wollte auch einmal sehen, ob der Teich, in den ich beinah einmal gefallen war, noch voll Wasser war. Mein Vater hatte das Grundstück gegen den Willen meiner Mutter mit einem Teich verschönt.

Zuletzt hatte ich jetzt von meiner Tante gehört, mein Vater habe einst über die zweieinhalb Hektar hinaus noch anderes Land gehabt. Nicht besessen, aber doch gepachtet; und er habe dort neue Apfelsorten gezüchtet. Das wollte ich auf meine Weise abklären. Wie sahen die Apfelbäumchen nach einem Dritteljahrhundert aus; wie schmeckten diese Äpfel überhaupt?

Ich hatte trotzdem ziemlich Sorge: würde ich die ganze Fahrt umsonst unternehmen? Würden die jetzigen Hausbesitzer mich und meine Begleiterin überhaupt angucken? Uns auch nur die Tür aufmachen? Würden sie uns in das vor zweiundzwanzig Jahren sorgfältig eingezäunt gewesene Grundstück, in dem der Teich war, einen einzigen Schritt tun lassen?

Ich fand mit meiner Freundin diese Plantage vor und sah, die Polen hatten aus der ebenerdig gelegenen und teils in den Erdboden abgesenkten, also halb unterirdischen Süßmosterei meines Vaters eine Reparaturwerkstatt gemacht. Eine Kfz-Reparaturstation. Immerhin, das flache Betongebäude war noch da; sogar die riesigen Tanks. Die Apfelsaftkessel waren noch nicht durchgerostet und bestanden noch. 2017, als ich nach fünfzig Jahren noch einmal kam und mir's wieder anschau'n wollte, ist alles weg gewesen. Das hatten die abgetragen, und zwar mit tausend Lastwagen voll Schutt.

Die polnischen Besitzer des Hauses meiner Eltern, genauer des Hauses meiner Berliner Tante, waren nicht ablehnend. Sie waren nicht zickig. Aber es waren gar nicht mehr die Polen, die auf das Haus 1945 die Hand gelegt hatten und mit denen mein Vater, der vormalige Süßmostereigründer, sich bald gut, ja blendend gut verstanden hatte. Diese ersten Polen hatten 1947 und in jenen prekären Jahren Dollars erworben. Sie hatten US-Dollars an sich gebracht, die berüchtigten »Dolari«. Auf Dollarbesitz stand in Polen damals die Todesstrafe – so hatte ich, der ich nun hierhin zurückkehrte, noch von meiner Tante gesagt bekommen –, und die Gerüchte von einem Dollarbesitz des polnischen Ehepaars in meinem Geburtshaus waren einstens bereits bis zu gewissen tonangebenden Instanzen durchgedrungen. Die Ẓyhatynskis hatten augenblicklich Warmbrunn und das Warmbrunner ländliche neue Haus drangegeben, denn sie wussten, mit was für rüden Zeitgenossen sie es jetzt zu tun haben würden, und waren nach Krakau zurückgeflohen. Von Krakau waren sie nach Kriegsende in die herrenlos daliegende – aber nicht menschenleere – niederschlesische Region eingewandert. Und mit bis dato besitzlosen Ostpolen hatten sie es nun in Schlesien zu tun. Schlesien hatte damals in Polen den ironischen Ruf eines Wilden Westens. Die paar Deutschen, die jetzt noch dort geblieben waren, kannten nicht einmal diesen Ausdruck. Aber sie kannten oft die Deutschen, die tot am Morgen vor einer Haustür lagen; massakriert nicht so selten. Das alles nicht etwa im Krieg, sondern nach »Kriegsende«; es ist mir jetzt noch einmal von einer polnischen Universitätsangehörigen gesagt worden.

Die Krakauer Zusammenhänge hörte ich erst jetzt. Ich und meine Freundin eilten den geflohenen Ẓyhatynskis nun 1967 nach, wir fanden sie auch in Kraków. Krakau war ja nicht grade das, was ich bei meiner Kölner Abfahrt im Sinn gehabt hatte. Aber Kraków fesselte und faszinierte uns nun. Wir ließen uns in Krakau zu renaissancegebauten Häusern führen; keinen sakralen Bauten wie sonst in der Welt, sondern Wohnhäusern. In den Straßen zwischen Rynek – Ring – und Wawelschloss. Vor allem die Hinterhöfe der Renaissancehäuser waren oft noch wenig verändert, kaum retuschiert. Kaum erneuert und kaum verfälscht. Sie waren auch nicht museal mumifiziert. Unveränderte Renaissancewohnhäuser, so etwas kam im ganzen Westdeutschland nicht mehr vor, und auch de Chirico hätte womöglich noch lieber diese Hinterhöfe 1915 gemalt als frontale tausendmal bekannte Repräsentationsfassaden, wenn er nur das von Krakau hier gezeigt bekommen hätte, was meine Begleiterin und ich jetzt alles gezeigt bekamen. Vor allem eine Freundin von Lem, vom Stanisław Lem, zeigte uns das.

Die sehr umtriebige Frau Ẓyhatynska wusste mir und meiner Begleiterin zu berichten – und mir die

Zähne damit lang zu machen –: sie habe einst mit meinem Vater wundervoll geplaudert, lustig. Sie habe mit dem Pan Göler dermaßen viel gelacht, ... ewig hätten sie zusammen gelacht.

»Gelacht? Mein Vater?«; das platzte ich heraus.

Denn ich habe meinen Vater – den es dreizehn Jahre nun schon gar nicht mehr gab – niemals lachen sehen. Die Frau Ẓyhatynska bestätigte mir das Lachen noch mal. War Frau Ẓyhatynska nur jetzt angestachelt und wollte sie den ungläubig staunenden jungen Mann noch weiter zwiebeln, noch weiter plagen, oder hatte Frau Ẓyhatynska meinen Vater eben besser zu packen gewusst und zu entkrampfen verstanden, als unsre Gölerfamilie das verstanden hatte? Über dieses Entweder – oder denke ich jetzt noch nach, ergebnislos. Frau Ẓyhatynska ist längst tot. Hat sie sich Notizen gemacht gehabt? ›Die Sonne bringt es an den Tag‹? Na nein, nicht immer bringt's die an den Tag.

Die deutsch-polnische Geschichte des einstigen jungen Mannes hat sich in anderer Weise fortgesetzt. Nun wartete der nicht mehr junge Mann, ich, 2016 in Jagniątków mit einer öffentlichen Lesung auf; dazu war er eingeladen worden. Jagniątków ist mit Agnetendorf identisch. Das ist gar nicht weit weg von Bad Warmbrunn, heute ist das sogar dahin eingemeindet. Im polnischen Gerhart-Hauptmann-Literaturzentrum las ich auf einer wissenschaftlichen Tagung. Die Universität Wrocław hat, mit Stories von mir, ein zweisprachiges Buch herausgebracht, polnisch-deutsch eben. Über alle persönlichen Verbindungen hinaus hatte die Universität Wrocław es akademisch sinnvoll und praktisch gefunden, Germanistikstudentinnen Texte eines deutschsprachigen Autors übersetzen zu lassen, und auf die Art hatten die Studentinnen eine universitätsgerechte Abschlussarbeit anfertigen können.

Mein Vater, der mit einer polnischen Neubürgerin so viel gelacht oder nicht gelacht hatte, war nicht mit seiner Familie von Cieplice Zdrój ins nordbayrische Fichtelgebirge geflüchtet. Das tat seine Familie im Februar 45 ohne ihn. Der Vater war im September 1944 in den so genannten Volkssturm eingereiht worden und hatte von einem Turm im schlesischen Glogau mit einem Militärfernglas beobachtet, ob die Rote Armee sich der Festung Glogau näherte. Man sagte deutscherseits nicht »Rote Armee«, man sagte auch nicht »Sowjets«, man redete von »den Russen«. Und weiter als bis auf Sichtweite eines Fernglases reichten damals die Informationen nicht. Es war dabei ziemlich gleichgültig, ob es eine deutsche Heeresabteilung Fremde Heere Ost gab, und dass ein Generalmajor Reinhard Gehlen der Chef dieses Militärgeheimdiensts war. Als die Rotarmisten sich Głogów näherten, schossen die Roten zunächst einmal den durch meinen Vater gefährlich gewordenen Beobachtungsturm von Głogów zu Klump. Der Dr. Kurt Göler sackte mit dem Turm bodenwärts. Ergebnis: Bein blutig, Bein sehr verletzt. Gebrochen nicht. Für Göler schloss sich die russische Gefangenschaft an. Mein Vater war einen oder zwei Monate in russischer Kriegsgefangenschaft. Dann, als er durch einen deutschen Mitgefangenen, der etwas Russisch verstand, hörte, »morgen geht's endlich in die Sowjetunion«, war er mit diesem andern Mitgefangenen, Herrn Johannes Keil aus Wiesbaden, geflohn. Eine Woche lang, nur nachts, mit verletztem Bein mein Vater, flohen sie. Kurt Göler hat uns Kindern das dann alles berichtet. Göler floh nicht genau nach Herischdorf, sondern nach Bad Warmbrunn, schlüpfte dort aber auch nicht bei seinen Eltern unter, die ja den gleichen Nachnamen wie er trugen. Verstecken sich auf seinem Grundstück – wie Verwandte mir das erzählt haben –, das tat er sowieso nicht; wenn er das getan hätte, wäre er nicht bei uns gelandet. Denn die Sowjets haben dann sofort nach dem geflohenen Göler an dessen Heimatort gefahndet, und ebenso bei dessen Eltern auf der Warmbrunner Raschdaustraße. Auch dort versteckte er sich wohlweislich nicht, sondern er ging zu seiner Tante, meiner Großtante Margarete, Schwester meiner Großmutt; diese Gretel hieß nicht Göler, sondern Plischke, und bei der fahndeten die russischen Behörden nicht. Nur so kam mein Vater durch.

Mehr als ein halbes Jahr blieb er bei der Tante Gretel in Warmbrunn, dann erst ließ er sich auf seinem Grundstück sehen; da waren dann auch nur noch Polen in Bad Warmbrunn und keine Russen mehr. Und meiner Mutter ein Jahr später erzählte er nichts von einem Lachen. Die Zeit war ja auch nicht danach angetan; nicht nach Lachen. Er erkundigte sich stattdessen nach den Fluchtumständen unserer Familie.

Unsere Flucht, die hatte sehr untypisch mit einem deutschen Lazarettzug zu tun gehabt, ... und ich kleiner sechsjähriger Junge war da einfach überwältigt gewesen von dem dauernden Weiß. Von der Farbe Weiß. Mullweiß.

Auf dem Güterbahnhof und nicht auf dem Personenbahnhof Hirschberg wartete der Lazarettzug. Unsre Mutter hatte den Hirschberger Personenbahnhof mitsamt den dort wartenden Fluchtbedürftigen links liegen lassen, Frau Göler war anders informiert, besser informiert, und wir liefen neben den Schienen noch ein Stück weiter. Dort, im Dunkeln, in der Schwärze, auf einem der vielen Gleise wartete der absonderliche Zug voller Verwundeter. Viel zu schmal dünkten mir mit einem Mal die Gleise, und ich wusste dennoch nichts von der größeren Spurbreite der Gleise jenseits des polnischen Landes, der russischen Breitspur mit 1524 Millimetern. Die Breitspur ist aber auch nur 89 Millimeter breiter.

Unser Lazarettzug zog sich unwahrscheinlich lang hin. Hatte er überhaupt irgendwo eine Lokomotive? Die Lampen an den Lichtmasten brannten nicht, obwohl hier noch nie ein alliierter Flieger geflogen war. Und ich verstand auch nicht recht, warum wir in den untypischen Zug einsteigen sollten. Ich verstand nicht, warum meine Mutter so sehr weinte. Von heute her finde ich das unbegreiflich, dass ich damals ihr Weinen nicht begriff. Wie sehr sind nicht für Kinder die Dinge anders! Das sollte sich hier noch öfters erweisen.

Und unsre Mutter hatte von diesen Tagen an nie mehr mit einer Rückkehr nach Herischdorf gerechnet, anders als viele andere Erwachsene.

... Ich dachte hier bei Beginn der Flucht auch kurz an den guten Geruch, der anderthalb Jahre vorher von zwei Eisenbahnwaggons voller Äpfel ausgegangen war; und ich verglich den Nachmittag, an dem ich einst, nämlich 1943, mit meinem Vater die Güterwagen angeschaut hatte, mit der geruchlosen eiskalten Februarnacht jetzt.

Von den Apfelwaggons, die am Bodensee vollgeschaufelt worden waren, wurd' ich einst schnell weggerissen. »Komm endlich!« (mein Vater 1943). Im Lazarettzug jetzt dachte ich sowieso nicht mehr an die Äpfel. Um mich herum waren lauter bandagierte, mullweiße Soldaten. Der gesamte Zug war mit solchen abenteuerlich weiß Eingewickelten voll. Kaum je einmal eine Frau zu sehen. Wenn doch, – die war dann vom Betreuungspersonal. Meine Geschwister und ich wurden von den bandagierten Soldaten angesprochen, und die zwei kleineren Geschwister wurden hochgehoben und herumgereicht. Die ganze Stimmung unter den Bandagierten war gut; das merkte ich. Nur hätte ich einmal einen einzigen nicht irgendwo bandagierten Soldaten sehen mögen.

Gehlen hatte meine Mutter zuvor nicht weniger als viermal von seiner Dienststelle aus angerufen. Er hatte ihr gesagt, sie solle sofort fliehen. Beim letzten Telefonat beschwor er sie: »Das ist jetzt der einzige Lazarettzug, der noch ins Westreich weiterfährt. Danach geht keiner mehr.« Log er das? Ein Telefonat immerhin, das ihn, wäre es anderen Wehrmachtsangehörigen zu Ohren gekommen, den Kopf gekostet hätte; sogar ihn. Aber Gehlen hatte meiner Mutter zwanzig Jahre vorher drei Heiratsanträge gemacht.

4. KAPITEL
Nähnadeln

Der Zug empfing dann in Wałbrzych, Waldenburg, neue Ordre und musste seine Route ab Prag ändern; soweit reichten die Kenntnisse des heereswichtigen Herrn Gehlen auch nicht mehr und nicht sein Einfluss. Der Zug rangierte auf ein Gleis in den Balkan, damit weitere Verwundete dort aufgenommen werden konnten, und rollte auf dem Gleis immerhin noch bis Ungarn. Dann ereilte ihn in der Nähe von Budapest sein Schicksal, vom Lokführer bis zum letzten Bandagierten; er flog in die Luft. Gehlens einstige Angebetete, unsre Mutter, stieg in Prag noch schnell aus. Wär'n wir mit im Zug dringeblieben – was jederzeit einfach machbar gewesen wäre –, wär'n wir mit zerfetzt worden.

Wir wurden in Prag ein paar Stunden lang von einer NSV-Bediensteten betreut, jemandem von der Nationalsozialistischen Volkswohlfahrt, und schließlich am andern Morgen pressten wir uns in einen mit Slowakinnen überfüllten Zug nach Pilsen und Bayern mit hinein.

Den bayerischen und speziell oberfränkischen Dialekt fand mein Vater primitiv, er verstand ihn kaum. Das Polnische fand mein Vater nicht unbedingt so primitiv. Mein Vater hatte im deutschen Oberfranken weniger Glück als in Polen. In Polnisch-Schlesien war er zwar nicht mehr Besitzer seiner Süßmosterei geblieben, aber immerhin hatte er die Plantage hinterm Haus und das Haus seiner Schwägerin, in dem er möglicherweise oft gelacht hatte, noch betreten können. Da und dort hatte er 1945 und 46 etwas Belangloses noch anordnen können. Das freut immer einen Macher.

In Schönwald lebten er und wir von dem Geld, das meine Mutter kurz vor der Flucht eingenäht hatte. Jetzt trennte meine Mutter die Mantelsäume und Jacken wieder auf und verwendete sie die zerknitterten großen R-Mark-Scheine. Viele Scheine, das war doch allerhand Geld. Und außerdem lebte die Familie hernach von so genannter »Soforthilfe« des örtlichen Rathauses. Mein schlesischer Vater war Selbstständiger gewesen – in der Obstbaubranche –, nun wollte er Lehrer an einer landwirtschaftlichen Schule werden. In Bayern konnte das kaum klappen. Nach München x Fahrten zum Ministerium, dreihundert Kilometer weit hin, nützten meinem Vater nichts. Der Dr. Göler war nicht Katholik; er war kein Beamter gewesen; er war kein Bayer. Fünf Kinder am Halse.

Immerhin, gehungert haben die fünf Kinder nie. Wir haben auch viel gesammelt. Angefangen von den Pilzen zum Beispiel in den nahen Wäldern. Riesige Mengen Maronenpilze. Die wurden dann auf den weiten planen Fußböden der von uns Gölers bewohnten Porzellanfabrik, Abteilung »C«, getrocknet. Die Pilze halfen uns den Winter überstehen. Und mindestens wir älteren Kinder nahmen die Vorteile wahr, die ein verlorner Krieg, sofern man ihn nur persönlich unversehrt überlebt hat, mit sich bringt.

Erleichternd wirkte schon, dass die Armut – die für einen Flüchtling meistens unausweichlich ist – eine gemeinsame Armut war. Entsprechend war das arm-Sein weniger demütigend. Viel weniger schlimm.

… Und ich und andere Kinder freuten uns, dass nur so wenig heile Zäune dastanden. Die Landschaft war in Deutschland 1945, 1946, 1947 ziemlich uneingezäunt. Sie war folglich nicht so zertrennt; in den drei Westzonen. Sie war weniger separiert; viel weniger als heute.

… Das wäre ein Anfang gewesen; Zäune weg, Zäune löchrig, wir kamen überall 'ran. Und das freute uns jedes Mal.

Ich und die anderen Schönwalder Lausejungen kletterten außerdem auf ausgebrannten, kaputten Lokomotiven herum. Die ein bis zwei Leichen hatte man längst immer schon aus den Loks herausgesammelt.

Die Erwachsenen stiegen nicht auf Loks, aber die Erwachsenen stiefelten quer über die Bahngleise. Mein Vater musste da unverständlich schnauzende Bahner, nämlich oberfränkisch fluchende, hinnehmen, und weiter passierte nichts. In der Art spielte sich kurzfristig manches ein, das heute undenkbar wäre. Erst Jahre später merkte zum Beispiel ich, wie viel an Freiheit es da gegeben hatte.

Die neuen Umstände hatten viele Leute dahin gebracht, von vorn zu beginnen. Mit Wenigem auszukommen. Von neuem sich alles Mögliche zu überlegen; aus Wenigem heraus zu konstruieren und etwas zu machen.

Höchstens muss man heut noch ein bisschen spezifizieren: Unterschied der Generationen. Der Unterschied war erheblich. Die Älteren und die echt Alten hatten keinen Sensus für derlei Öffnungen und neue Effekte.

In anderen Städten und in den paar Metropolen wurde auch horrende … geschmuggelt; in der kleinen Industriestadt Schönwald am Fichtelgebirge habe ich nichts davon bemerkt; nur die Marinelagerplünderung. Ich war auch zu lütt. »Schwarzhandel« hörte ich nur als Wort. Und ich dachte da jedes Mal unweigerlich eher an die Farbe als an einen Handel. Mit oder ohne Schmuggelei aber: Der Einfallsreichtum der plötzlich besitzlosen Ostflüchtlinge, vor allem dieser Leute, wäre ganz dazu angetan gewesen, eine gemeinsame Welt zu schaffen. Hie und da kam's in Ansätzen dazu.

1945, und auch noch 1947: Manche Kinder hoben scharfe Patronen auf, und nicht etwa nur Patronenhülsen. Unser Vater nahm mir zu Hause hastig ein Stück Munition ab. Und bei einem anderen Vater aus dem Nachbarhaus … ging solches Zeug wirklich los, beim Herrn Menzel. Der Vater büßte mehrere Finger der Hand ein.

Unsre Großeltern, die ab 1947 öfters bei uns in Schönwald sichtbar wurden, hatten reichlich viel an soeben gemachten polnischen Erfahrungen zu verdauen. Die Großmutter hatte ein Leben hindurch in Breslau polnische Dienstmädchen gehabt; eines nach dem andern. Tja. Und ab 1945 musste sie auf einmal die besten Zimmer und insbesondre den Salon ihrer Warmbrunner Wohnung der Władka überlassen, einer Vierundzwanzigjährigen. Einer frisch eingetroffenen Polin. Die war die Herrin nun. Władka wohnte mit in der Wohnung meiner Großeltern; und wenn der Vierundzwanzigjährigen irgend ein Gegenstand gefiel, hatten die Großeltern den herauszurücken. Sofort; unbesehen. »Kommt gleich Miliz!«, wie oft habe ich dann den kleinen beziehungsreichen Satz über mich ergehen lassen. Meine Großmutter zitierte das immer wieder; woran zu sehen wäre, wie oft sie die Worte selber entgegengekreischt bekam. Ich fand die drei Worte aber vor allem was gut zu Sprechendes.

Unsre vierundvierzigjährige fünffache Mutter, das heißt die Schwiegertochter, wurde bei solchen aufgewärmten Berichten ebenfalls von jahrzehntelang zurückreichenden Gefühlen eingeholt. Die Schwiegertochter dachte dran, wie sie und die Schwester im Mai 1921 wieder einmal auf dem Gut ihres Großvaters gewesen waren. Neunzehnjährig die Tante Gittel. Unser Urgroßvater, ihr Großvater, bewirtschaftete das Gut, unterstützt von sechs Knechten und fünf Mägden, und mit dem Gesinde ging der Urgroßvater Wilhelm ruppig um. 1921 verlegte Wilhelm, der auch Reserveoffizier war, Angehörige des Freikorps' Oberland einmal in sein Gutshaus hinein. Zwei Tage waren die Freischärler da einquartiert. Gittel verliebte, mehr noch, verknallte sich.

In diesem Jahr 1921 fand am Annaberg die emotional beispiellos aufgeheizte, hass- und rasend hasserfüllte Schlacht zwischen polnischen und deutschen Staatsangehörigen statt. Und vierzehn Tage nach der Einquartierung bekam Wilhelms Gattin, Urgroßmutter von mir, – Wilhelm war noch beim General Hoefer – eine Verlustenliste zugeschickt. Die Liste erfasste Freischärler des sogenannten Selbstschutzverbandes, die hier im Gutshaus die zwei Tage gelegen hatten. Wilhelms Frau ließ alle Guts-Anwesenden zusammenkommen und verlas die Namen. Die Mägde saßen während der Namensverlesung nicht untätig da, sie nähten. Sie mussten nähen. Meine Tante nähte auch mit. Peter Sobotta, 21.5. gefallen; Friedrich Hanke, 21.5. gefallen; Eugen Jänisch, 21.5. gefallen, und als dann, fast am Schluss, der Name des Heu-Liebsten meiner Tante ausgesprochen wurde, passierte etwas. Die meisten merkten nichts, denn zu sagen wagte meine Tante keinen Mucks, aber Gittel stach sich absichtlich. Sie stach sich selber mit der Nähnadel tief in die Hand; vielmehr, sie durchstach sich die Hand. Nur die eine Magd neben meiner Tante hörte einen winzigen, grausamen Laut; nichts Gesprochenes. Meine Tante nahm der polnischen Nation noch ein Vierteljahrhundert später übel, dass ihr Heu-Liebster erschossen worden war. Es hatte da auch immer wieder wilde Reden zwischen meiner Tante und meiner Mutter gegeben. Polen war und blieb unter meinen Verwandten ein Reizthema. Und genauso Gehlen blieb ein Reizwort.

Konkret tauchte dieser Reinhard Gehlen erst wieder auf, als Gehlen, nun schon Chef des deutschen

Bundesnachrichtendiensts, an den Ältesten der einstigen, ersten Ehekandidatin herantrat. Mich wollte er beim BND einstellen. Auf den Sohn seiner einstigen Angebeteten glaubte er sich ja verlassen zu können. So jemand, sagte Gehlen sich, würde keine Geheimnisse verraten, würde nicht petzen und wäre ein idealer BND-Mann. Ein Treffen zwischen Gehlen und mir wurde geplant. Es fand dann auch auf Gehlens top-geheimem Privatgrundstück statt und in Gehlens Bungalow, in der Waldstraße 29 in Berg. Aber dort erteilte ich dem berühmten Mann eine Absage. Ich wollte weiterhin lieber Dichter werden, nicht Spion.

Unsre Mutter, eine geborne Fräulein Mauve, hielt sich bei der neuen Aktivität von Reinhard Gehlen wieder sehr zurück. Aber Gehlen hat uns und mir faktisch den Weg aus Schlesien heraus geebnet, mir, einem Söhnchen der zuvor groß begehrten Frau.

Mit Schlesien und Polen sind wir noch anders verbunden. Denn der Gründer von Kattowitz – der Gründer, wenn ich das etwas salopp ausdrücke – ist der Vorfahr von uns. Der ist unser Ururgroßvater, Friedrich Wilhelm Grundmann, und diese Verbindung geht über unsern Urgroßvater Carl Mauve. Kattowitz war, bevor der Ururgroßvater in Erscheinung trat, ein Bauerndorf. Um 1830 hatte Kattowitz zweihundertvierundneunzig Einwohner gehabt. Das Dorf existierte schon vor Grundmann, aber durch Grundmanns Aktivitäten entwickelte sich Kattowitz zum Zentrum des oberschlesischen Bergbaus und Hüttenwesens. Katowice verdankte seinen verblüffenden

Aufstieg diesem Mann. Bereits zu Grundmanns Lebzeiten wurde eine Straße auf den Namen dieses Managers umbenannt – wo kommt das sonst vor! –, die erste und schönste Straße von Kattowitz, die vormalige Industriestraße.

Grundmann war Generalbevollmächtigter der von Tiele-Wincklerschen Gruben- und Hüttenwerke. Er war das bis 1872. 1855 wurde er mit dem Titel eines Königlich preußischen Geheimen Kommissionsraths bedacht, – und verheiratet war er mit einer ganz schlichten dörflichen Polin, der Prusowska. Das wurde meine Ururgroßmutter. Um 1870 wurde Kattowitz als die modernste Großstadt Europas angesehen, ohnehin als die jüngste. Die heutigen Polen verschleiern das alles auch nicht mehr; davon konnte ich mich überzeugen bei Kattowitzer Besuchen in der Zwischenzeit. Die Polen haben den Grundmann-Straßennamen belassen, Ulica Grundmanna. Von 1872 war dann Grundmanns Schwiegersohn, jener Carl Mauve, der Generalbevollmächtigte bei der Gräflich Tiele-Wincklerschen Hauptverwaltung – unser Urgroßvater. Dies war »die bedeutendste wirtschaftliche Stellung im damaligen Oberschlesien«; nach Mauve wurde ebenfalls eine Straße in Kattowitz benannt. Der Carl Mauve wohnte hernach eine Zeitlang in der in Katowice berühmt gewesenen Grundmannvilla, und unsre Mutter und ihre zwei Schwestern spielten als kleine Mädchen manchmal in dem Haus, zu Füßen der Karyatiden und in der Karyatidenvorhalle. Die

Villa stand in der verlängerten Grundmannstraße, der nach Myslowice führenden Chaussee.

Ja, Karyatiden. Steinerne Frauen; es war »'ne vornehme Villa« in neoklassizistischem Stil mit Pilastergliederung, rings umlaufendem geometrischen Friesband, und die Villa »wirkte wie eine Sensation« – als sie sich in der Bauphase höher und höher heraushob aus der hier noch dörflichen Umgebung –. Die Leute wunderten sich, dass in dieser Villa, die mehr aussah wie ein griechischer Göttertempel, eine menschliche Familie wohnen sollte. Eine einzige Familie auch bloß. Zur Wasserversorgung des ganzen Grundstücks ließ Grundmann noch ein Maschinenhaus mit einer Dampfmaschine hinsetzen. Unsre Mutter hat sich ein, zweimal über diese Villa ausgelassen. Sie hat sich über die mokiert. Und es gibt ein Mädchenporträt von ihr mit dieser Grundmannvilla. In den sechziger Jahren des zwanzigsten Jahrhunderts wurde die Villa abgerissen, obwohl sie noch tadellos in Schuss war. Ob das Abreißen nun im Sinne meiner Mutter gewesen ist? Aber die Villa fuchste den Ersten Sekretär von Śląsk, einen Kommunisten, einen Vorgänger Edward Giereks; die ärgerte ihn.

Meine Mutter stammt von diesem Friedrich Wilhelm Grundmann ab. Walburg Mauve war, in der Art, wie sie auftrat, immer unaufdringlich, bescheiden, jedenfalls seit sie uns Kinder geboren hatte; aber die selbstverständlichen Umgangsformen, die gelassene Tour im Umgang mit anderen, grade mit Upperclassangehörigen, mit höchstgestellten Personen, hatte sie eben doch. Dazu gehörte auch ihre immer sichere Ausdrucksweise. … Und dies, obwohl der pekuniäre materielle Untergrund auf ihrer Seite nun fehlte.

Eej! Der fehlt, seit sie mit uns Kinderpack aus dem Warmbrunn, das sie dem Kurt erst ermöglicht hatte, unter Tränen abgewandert war, 1945.

Die Basis mag ruhig fehlen, die Karl-Marxsche Grundlage und Basis. Die von Karl Marx unterstellte; auf der sich der gesellschaftliche Überbau erst entwickeln könne. Wie das auch nach Marx' Tod noch dauernd behauptet wird. Ich lach' da nur drüber.

Soll's doch fehlen! Im Psychischen, im Seelischen, im Menschen ist das, was sich in der Kindheit mal entwickelt hatte, oft dann noch wirksam. Hernach.

… Immer nicht. Oft. Das beeinflusst auch den Menschen später. Der pekuniäre Untergrund kann dann, Herr Marx!, schon mal piepe sein. Und Marx, der das nicht glaubt, wird somit selber zum Geld-Ochsen. Zum Geldfetischisten, zum Kapitalisten. Unsre Schwester, Ellen, ist jetzt ein ganzes Leben auf Kreta. Nur unter schlichtesten Fischern, mit einem schlichten Seemann als Ehegespons, und sie redet weiterhin druckreif. Scharfsinnig. Hier kommt der Marxsche Überbau ohne das Kapital aus.

Ach, auch die Ota habe ich nie herumdrocksen hören, als Kleinkind selbst nicht – Töchterchen Ota –, und jetzt als Siebzehnjährige schon gleich nicht. Trotz fehlender materieller Basis ist das bei ihr so. Sie spricht sicher und verständig. Und sie ist jetzt dabei, ihr drittes Theaterstück einzustudieren, mit einer von ihr zusammengetrommelten Theatertruppe, – alles ohne ökonomische Basis.

Die Ellen hat nun wirklich keinen Reichtum ihr Leben lang erlebt, keine finanzielle feste Basis, sie freundete sich aber bereits als kleines Schulmädel mit der Nosch an, und – genauso bemerkenswert – die Nosch freundete sich mit ihr an. Schon durch die Art des Redens fühlte sich die eine zur anderen ein wenig hingezogen; die Nosch sprach auch kein Oberfränkisch, sondern ein Berliner Hochdeutsch. Die eine fühlte sich der jeweils andern in deren ganzem Habitus verbunden.

Das ging so weit, dass die eine der anderen was gestand, Nosch der Ellen. Und zwar nur der Ellen, niemandem sonst: nahezu jeden Morgen zog sich Nosch früh auf dem Schulweg in einem Gebüsch in dem Wald wieder um.

Sie verließ früh die Eltern in Anziehsachen, die ihr nicht gefielen und die, wie sie wusste, den Mitschülerinnen nicht gefallen würden. In dem Wald schlüpfte sie an einer Stelle in andere Sachen, die sie im Schulranzen heimlich immer mitnahm. Ellen hat mir dann mal den wichtigen Busch gezeigt. Sich umzuzieh'n in dem Gebüsch, das machte Nosch über Jahre hin so. Die Mutter Ruthmaria zwang sie ja ständig zu den falschen Klamotten.

Und wenn es regnete?

In den Fünfziger Jahren war an Samstagen noch Unterricht, noch Schule. An vielen Samstagen kamen der le Maire und ich ab der neunten Klasse mit knalldick gepackten Rucksäcken an. Da war dann auch kein Platz, die Rucksäcke anderswo abzustellen als vorn vor dem Schrank, in dem die Klassenleihbücherei unsrer Klasse war. Und warum die Rucksäcke in die Schule? Damit der le Maire und ich sofort nach der letzten Schulstunde lostrampen konnten. Sofort; nur keine Zeit zu verlieren vom Wochenende! Per Anhalter – Autostopp –; Zweitagesfahrten unternahmen wir nun, wir waren, Idee vom le Maire, Mitglieder im *Neuwandervogel* geworden.

Dass man sich einschrieb dafür irgendwo, das gab es auch nicht. Es hätte mich nur argwöhnisch gemacht. Nein nein! wir blieben selbstständig.

Die am Samstagvormittag im Klassenraum abgestellten Rucksäcke beeindruckten mächtig, sowohl die Mitschüler wie die Lehrer; mit *der* Konsequenz hatte ich gar nicht gerechnet. In allen Ferien außer den Weihnachtsferien gingen wir von nun an auf Fahrt, ziemlich bald nicht mehr nur innerhalb Oberfrankens.

Diese Trampfahrten: mein Vater war da schon tot; er hatte nur, vor seinem überraschenden Tod, meine ersten Trampereien noch gebilligt. Und so erlaubte unsre Mutter uns nachher auch Trampreisen, wegen des Okays unsres Vaters. Zur Zeit unsres Vaters gingen meine Trampereien fünfzig Kilometer weit. Nach seinem Tod reichten die Tramps langsam fünfhundert Kilometer weit. Immerhin, es handelte sich höchstens um Fahrten im ja ziemlich sicheren Westdeutschland. Meine Mutter gab damals jedem von uns, meinem Bruder Rolli, mir, meinem Bruder Nils, für solche Fahrten zwei D-Mark pro Tag mit. Soviel wie ein Euro pro Nase. Und mehr Geld hatte ich effektiv nicht zur Verfügung.

Zwei D-Mark für alles: für Essen, Trinken, Schlafen, Fortbewegung, behördliche Gebühren, und wir kamen damit tatsächlich klar. Berücksichtigen muss man: damals war es etwas billiger als 2021 mit dem Leben. Postkartenporto zwölf Pfennige, Jugendherberge übernachten in Westdeutschland 0,50 DM. Im Ausland habe ich kaum je überhaupt was für Übernachten gezahlt, ich schlief meist draußen. Oder in Scheunen. Oder ich bin nicht ganz selten von Autofahrern zuletzt abends eingeladen worden; ich konnte bei denen übernachten.

Die Bewegung der Beatniks in den USA hat mich damals auch beschäftigt. Und, wie *die* konkret so lebten. Ich hab versucht, mir das klarzumachen. Jemand, der von drüben herkam, erzählte mir authentisch, dass die überhaupt kein Geld hätten, dass viele dabei aber ein Auto und das hieß, einen riesigen Straßenkreuzer – »huge« –, besäßen und führen. … Der völlige Kontrast zu den deutschen Verhältnissen.

Einen ›uralten‹ Wagen; also einen zehn Jahre alten; und dass die jungen Besitzer dauernd damit zu tun hatten: wo krieg ich ein Ersatzteil her? Billigst? Wie krieg ich den Wagen wieder flott (wenn der Motor verreckt ist)? Wo gibt's billig Benzin? Kann man andern aus dem Tank Sprit 'rausklauen? Wie stellt man das praktisch an? Ständig, ständig würden die Beatniks sich mit ihren gewaltigen Schlitten abgeben. Ich kapierte eben damals nicht, dass diese Karren das Billigste waren drüben in den Staaten und nicht etwa französische klapprige Kleinwagen. Ich fuhr hier in Westeuropa dauernd herum und hatte keinen Wagen. Gar nicht dran zu denken; ich kam aber weit.

Von Jack Kerouac – der sechzehn Jahre älter als ich gewesen ist – las ich ein Viertel seines *On The Road*, es beeindruckte mich aber wenig, ich wollte es nicht zu Ende lesen, meine eignen Trampereien waren spannend genug und wurden, fand ich, oft spannender. Und ich hatte dabei noch das Handicap der fremden Sprachen. Das hatten Kerouac und die anderen der Beat Generation ja nicht.

Beat Generation – Ginsberg, Snyder, Tuli Kupferberg, Gregory Corso, Kerouac –, »Generation«, war von vornherein ein absichtlich tricksiger Name, angelehnt an die *Lost Generation* drüben. Beat Generation war aber keine ganze Generation, sondern eine hauchdünne Minderheit. Immerhin erreichte diese Minderheit publizistisch allerhand Aufmerksamkeit, Allen Ginsberg war da sehr geschickt. Geschickter als ich.

Einmal, in der Aula meines Gymnasiums war das und während wir in der Oberstufe ein Theaterstück einübten und wieder und wieder probten, erzählte mir ein supergut informierter, mit den Schulnoten aber hadernder Mitspieler von dem Maler Chirico. Der Mitspieler war der le Maire. Ich kam dann, in Kunstbänden, im Hofer Amerikahaus, in Buchhandlungen, bald an Abdrucke von Chiricobildern heran. Schon als ich auf de Chirico nur erst hingewiesen wurde, war der für mich ein ›Hammer‹. Nicht viel weniger als eine Offenbarung bedeutete Chirico für mich. Und damit, schon mit den ersten Bemerkungen le Maires, datiert mein Einstieg … in die zeitgenössische Literatur.

Man zeigte mir Chiricos verfremdende oder entfremdete Ansichten von Plätzen, seine Bilder mit frappierender Überperspektive. Doch! ich war hingerissen. Und Kopien waren mir viel zu wenig. Ich bin zu Chirico hingetrampt, extra nach Rom, schnell in den Osterferien, und ich war da also noch Gymnasiast, neunzehn Jahre alt. In Rom schlug ich mich bis zu seiner Wohnung durch. Die hatte ich aus dem Telefonbuch; damals 1957 war noch kein Datenschutz und ausländische Telefonbücher großer Hauptstädte konnte ich noch einfach einsehen, in der Stadtbücherei in Hof zum Beispiel.

de Chirico bedeutete mir so viel … wegen dessen gewissenhafter Malweise bei gleichzeitig seltsamsten Inhalten. Er hatte diesen Stil beinah schon ein Jahrzehnt vor den Surrealisten entwickelt, die »Pittura Metafisica«, seit 1911. Er hatte, und das gefiel mir, sich die handwerklich genaue malerische Wiedergabe einer gebauten Umwelt, einer auf Städtisches hin orientierten Umwelt, angeeignet; er hatte sich das nichtimpressionistische, wieder genaue Malen von den alten italienischen Meistern, von Giotto, von Masaccio, abgeschaut. An die alten Meister knüpfte er insoweit an.

Er, Italiener aus der griechischen Stadt Volos, hatte die Italianität der Renaissancemeister, deren Malweise, gut studiert. Nicht deren Motive insgesamt wiederholte er damals, wohl aber ihren Umgang mit dem, was seit dem Trecento maltechnisch möglich geworden war. Er malte menschenarme Straßen; Stadtplätze mit nur ganz wenigen Personen. Die Menschen übermäßig klein, oft winzig klein bei den Repräsentationsbauten; und fast immer hyperdünn die Menschen. Rundbogentore liebte er, Arkaden. Da lehnte er sich noch am engsten motivlich an Giotto an. Der Name *metafisico* war schlau gewählt und war sofort eingängig; der Name überzeugte augenblicklich, er machte neugierig.

Aber als ich 1957 zu de Chirico kam, malte Chirico schon längst nicht mehr so. Bereits in den Zwanziger Jahren des zwanzigsten Jahrhunderts hatte er damit aufgehört. Die archaisierenden, befremdenden Architekturwelten, die archäologischen Phantasiestücke waren nicht mehr seine Sache. Brüsk hatte er sich davon losgesagt, und er machte sich damit im Handumdrehen tausend Feinde. Chirico blieb starrköpfig – und stark – und ging von seinem Ausstieg aus der von ihm selber einmal geschaffenen Metafisicowelt nicht ab.

Was von ihm nach den hundert Jahren noch wahrgenommen wird? Ja ...? Das Interesse gilt nicht seiner dann ein Leben lang betriebnen konventionell-akademischen Malweise. Sondern in der Kunstgeschichte ist er allein weiter gegenwärtig mit den metafisico-Bildern; ein krasser Fall, wo kunstverständige Mitwelt und ein begabter bildender Künstler sich ganz entgegengesetzt weiterentwickelt haben. Mitwelt und der Künstler drifteten auseinander. Unglaublich: nur jene zeitlich begrenzte frühe Phase – beinah nur zwölf Jahre – ist von Chirico interessant geblieben und ist in den Kunstgeschichten präsent. Mit den Werken dieser wenigen Jahre hat er auch auf andere dann wichtig gewordene Künstler und viel mehr noch auf ganze Kunststile, wie den Surrealismus, eingewirkt. Die hat er glatt beeinflusst. Von dem Rest seiner Bildproduktion ist in den meisten kunstgeschichtlichen Veröffentlichungen nicht mal was zu lesen.

Von Chiricos Umschwung hatte ich, der ahnungslose Ultramontane, ich Schülerlein von nördlich der Alpen, noch gar nichts gewusst. Ich habe Chirico auch nicht persönlich erlebt! Sondern die Haushälterin von ihm, mit der ich geredet hatte, verschwand kurz, ich war fünf Minuten allein im Hauptteil seiner weitläufigen Wohnung, allein mit den Bildoriginalen hier, die Angestellte kam dann den Flur schnell wieder zurück und sagte, »il maestro dipinge. … Der Meister malt«. Ihn bekam ich nicht zu sehen, aber er hatte der Angestellten erlaubt, mir all seine hier stehenden oder hängenden neueren Bilder zu zeigen. Nur solche neuen Bilder, von denen ich gar nichts wissen wollte, und ich hielt den Mund. Ich musste mich sehr zusammennehmen, denn ich war enttäuscht von dem Umschwung, zu dem er sich vor fünfunddreißig Jahren einmal entschlossen hatte. Für mich hatte er sich jetzt soeben um-entschlossen. Ich war genauso enttäuscht wie auch die Kunstgelehrten; Zufall das.

Ich gehe nicht immer einig mit der arrivierten Kunstgeschichte. Aber hier? Ich sah, dass ein Künstler, der das Niveau der großen italienischen Renaissance-Maler so halbwegs erreicht hatte, dieser Vergangenheit dann in Gänze erlegen ist und mit ihre Motivik zu übernehmen anfing. Nicht nur die Technik, sondern nunmehr auch die Motive. Er vermochte sich auch im Einzelnen deren Objektwelt nicht mehr zu entziehen. Chirico starb 1978, neunzigjährig, er hat den langen Rest seines Lebens nicht sich selber imitiert – das haben ja manche Großen getan –, sondern unbesehen seine Musterpersonen imitiert. Er wurde der rare Fall eines Künstlers, der seine Triumphe gleich zu Anfang hatte und danach in Wirkungslosigkeit zurückfiel. Das wahrscheinlich sogar bewusst.

Zwei ältre Damen fragten mich vor kurzem, »was fanden Sie am schönsten bei Ihren ganzen Trampfahrten?«

Von heute her sind für mich die besten Trampzeit-Sachen die gewesen, die kitzlig, gefährlich, heikel waren und die ich aber doch gut überstanden habe. Durch die Trampereien bin ich geprägt worden; ich vertraute auf die eigene Durchsetzungskraft. Freilich ebenso auf das eigne Glück. Eine Sache berichte ich ja gleich noch. Glück, das konnte genauso leicht auch in Unglück umschlagen. Bei mir war das nur selten der Fall. Eine ganz vertrackte, vertrickste Sache ist das mit dem Glück.

… Was so in Pech umschlug beim Trampen? Mir wurde ja auch, als ich mal austrat, das heißt zum Urinieren aus einem Fünfachser-Lastzug herauswollte, die gute Voigtländer-Camera aus dem Rucksack 'rausgenommen. Ich merkte das erst, als ich etwas später den Lastzug endgültig verlassen hatte, weil der Fahrer eine komische Seitenstraße einschlug, spätabends. Er hat die Seitenstraße auch so abrupt gewählt, damit er mich schnell loswurde und er die Camera definitiv in seinem Besitz behielt.

Schlimmer war noch für mich, als mir in Italien beim Abstieg vom Vesuv das Regencape aus dem Rucksack gezogen wurde. Seitlich rausgezogen wurd' es mir, ohne dass ich's merkte, und ich war nun, bei bald wüstem Regen, ohne Regenschutz. Samstag Mittag. Vor Montag konnte ich mir nichts kaufen, ich war auch bald bis auf die Haut durchnässt. Die entsprechende Krankheit habe ich mir eingehandelt. Andere tragen da gern einen Herzfehler davon. Ich nicht. Sonst könnte ich das jetzt gewiss nimmer mitteilen.

Mehrfach nach Ostfrankreich und Südfrankreich trampten wir Hofer Neuwandervögel. In Frankreich hielt ich mich, alle Frankreich-Zeit zusammengerechnet, wohl vier Monate auf. In einer mehrtägigen Fußwanderung ohne jede Landkarte schlugen wir uns einmal nach Andorra durch, quer durch das Hochgebirge der Pyrenäen; bis zum Fuß der Pyrenäen waren wir getrampt. Voriges Jahr jetzt hat mir le Maire geschrieben, dass diese Hochgebirgsüberquerung in Wirklichkeit lebensgefährlich gewesen ist, das hatten wir alle einst nicht wahrhaben wollen. Uns ging auch praktisch das Essen aus, und man trifft dort nicht nach einer Stunde auf bewirtschaftete Almhütten, mit Leuten in den Hütten. Gefährlich war es außerdem, auch wenn wir nicht geklettert sind. Wir hatten jeder einen bleischweren Rucksack; man ist damit nicht so beweglich, nicht so gelenkig. X-mal sind wir gestrauchelt. Abgeglitten. Sehnenzerrung, Verstauchen und derlei. Wir waren zu fünft, der älteste von uns war ein junger Student, Ur- und Frühgeschichte studierte er nach abgebrochenem Jurastudium. Wir waren in Süd-Frankreich auch zuerst in einer Altsteinzeithöhle bei Tarascon; wegen steinzeitlicher Höhlenmalereien. Heute ist die lange Höhle zu betreten verboten, damit die Malereien nicht kaputt gehen sollen; schon die Chemie der Säugetierfürze zerstört die Malereien. Der gelegentlichen Fürze der Besucher.

Von so etwas zu reden, gilt nicht als stubenrein, und als ich dieses schlecht riechende Detail jetzt vor vier Tagen in einem literarischen Workshop erwähnte, bat der mit anwesende Veranstalter eine junge, sehr gut deutsch sprechende Syrerin, diese Einzelheit den anderen Syrern zu übersetzen. Damit die anderen ebenso alten Syrer wirklich wüssten, wovon ich spräche. Aber die Syrerin weigerte sich.

Na ja. Daran, dass sie sich strikt weigerte, war zu sehen, dass wenigstens sie das Fragliche genau verstand. Die Neunzehnjährige nahm so ein Wort nicht in den Mund. Sie weigerte sich sogar, die Sache ganz vage zu umschreiben.

Wie wir uns durchschlugen in den Pyrenäen ohne ausreichend Essen, das empfand ich damals zwar als gefährlich, aber nicht als lebensbedrohlich. Als wir nachts in Andorra eintrafen – nicht auf einer Straße, sondern auf einem Weglein, quasi »von hinten« drangen wir in Andorra ein, der dürftige Weg war nichts andres als ein Schmugglerpfad –, da gerieten wir in ein wüstes Gewitter. Wir suchten eilig Unterschlupf; alles schon im Dunkeln. Wo? In einer Kies-Abbaustätte. Einem Kies-Werk und dort in einem mehrstöckigen Blech-Gebäudeteil. Das Bauwerk war wandlos, nur von Stockwerk zu Stockwerk waagrecht abgedeckt, drei Stockwerke hoch. Auf dem Blech, auf dem Metall dröhnte der Prassel-Regen dann, tosend, knallend, unvorstellbar, wie mit Lautsprecheranlage überlaut, … unvergesslich. Der Wind wehte und blies, aber die Blechebenen waren so groß, bis in die Mitte darunter kam der Regen nicht heran. Das war auch merkwürdig. Wir drückten uns in dieser Mitte zusammen. Ohne Wände hat man allerdings immer – was? Den Wind.

Ein Gebäude ohne Wände, so etwas ist allein schon eine Rarität. Und das Gewitter zog dann nicht etwa endlich weiter, sondern blieb in dem Gebirgskessel. Es gewitterte volle vier Stunden um uns herum, nachts. Wir hatten damals den Eindruck: »das hat sich hier gefangen«, ich weiß noch, wie wir uns das mehrfach sagten. Speziell plagte zwei von uns die Sorge, dass ein Blitz grade in das Metallblech-Bauwerk einschlagen könnte. Und was dann mit uns?

Es schlug auch mehrere Male ein, weiß der Himmel wo. Andorra war für uns Jungen schon eine Show. Wir erlebten Andorra mit dem Gewitter absolut als souveränen Staat. Immerhin war uns klar, dass wir jetzt die Nacht wenigstens keine unliebsamen Zusammenstöße mit Schmugglern haben würden ... die konnten wir gar nicht gebrauchen. Auch nicht Berührungen mit Polizisten. Aus so undurchsichtiger, unüblicher Richtung nach Andorra einzusteigen, kein Visum, einen Pass nur für Frankreich, – das wäre uns sonst sauer bekommen.

Am nächsten Morgen fanden wir, siebzig Meter von unserer Blechunterkunft weg, einen Mann auf dem Weg liegen. Lebte er? Lebte er schon nicht mehr? Er hatte die typische Lichtenbergsche Blitzfigur, das verästelte Muster am Hals; und auf der Schulter, die entblößt war. Also vom Blitz war er getroffen worden. Seine Schuhe waren von den Füßen weg, zerfetzt. Das kommt bei Blitzschlag so vor, mit den Schuhen. Wir meldeten alles eine Dreiviertelstunde später, als wir an einem ersten bewohnten Haus vorbeikamen. Leiteten die dann was weiter?

Haben wir nicht erfahren.

Übrigens andre, die uns den Pyrenäenleichtsinn ein Jahr später nachgemacht haben, aus Schrobenhausen welche, sind nachher in Andorra eingelocht worden. Grenzüberschreitung, Passvergehen, »Schmuggel« – der traf aber gar nicht zu –.

Und der so wenig vorausschauende Student Klaus Pinther hat sich später mit achtundsechzig Jahren das Leben genommen, er hängte sich auf. War er noch ein Anhänger von Henry de Montherlant geworden? Dem französischen Dichter, der von südlich Andorras aus dem Katalanischen herstammt väterlicherseits? Und 1972 selbstmörderisch endete. Klaus Pinther hatte mir übrigens nicht so sehr gefallen gehabt, denn er benachteiligte mich auf den Wanderungen. Die anderen drei zog er ganz offen vor.

»Nee, Ben, auf dem Kissen da schläft der Gunter.«

»Aber schon gestern und –«

»Nein das spielt hier überhaupt keine Rolle.«

Heute weiß ich, dass Pinthers Ideale ich am längsten verwirklicht habe; sein am meisten bevorzugter Gunter le Maire zum Beispiel ist schon längst, längst von den Idealen abgekommen. Abgekommen etwa davon, sich Sachen selber zu schnitzen oder zu nähen oder herzustellen.

Zwei Jahre vor Pinthers Tod hatte ich diesen Klaus Pinther mal besucht, nach Jahrzehnten einmal, von Minden aus, er war Leiter der Museen von Bielefeld. Als mir die Haustür geöffnet wurde, rief ich als erstes Wort: »Ha?« ... ich dacht', ich spinne. Klaus Pinther unverändert! Aber wer mir öffnete, war erst mal sein Sohn.

Wir Jungens trampten durch Deutschland auch an die Nordsee. Vertue man sich nicht, die ist von Oberfranken ganz schön weit weg. le Maire oder der Rolli hatten immer eine Gitarre dabei, wir sangen Jungenschaftslieder, oft ausländische, die dann nicht so ausgeleierte tranige Texte hatten oder deren kitschige Inhalte wir nicht verstanden. Zum Beispiel neugriechische Lieder, oder einige englische Blues‹. Auch *Wildgänse rauschen durch die Nacht* sangen wir; ganz frei war'n wir nicht von Sentimentalität, obwohl ich zum Beispiel den Chirico so vorurteilslos einschätzte.

Manchmal trug ich die Gitarre, wenn wir einzeln bis zu einem nächsten vereinbarten Punkt trampten, und die Autofahrer nahmen mich mit, damit ich ihnen was auf der Gitarre spielen sollte. Es war nicht einfach, denen dann klarzumachen, dass ich nicht Gitarre spielte und doch das riesige Dingens mit mir schleppte. Kam vor, dass ich da aus dem Wagen aussteigen musste. Einer der Autobesitzer ist dann noch mal mit dem Auto umgekehrt und bat mich, doch wieder einzusteigen ... Und bald fragte er mich erneut: wollte ich nicht was spielen? Von der Seite lernte ich die Menschheit kennen. Als kratzig.

5. KAPITEL
Die Zartheit der Wälder

Nach Portugal zog es mich mehrere Male; Spanien war nicht mein Fall. Da nur schnell hindurch. Und in Portugal, im Algarve, strebte ich zu dem Loch in der vierzig Meter über Meeresniveau gelegenen Wiese beim Cabo de São Vicente: Dort und aus dem Loch heraus ... hört man etwas. Dreihundert Meter vom Atlantik weg hörte man hier plötzlich den Atlantik dröhnen. Man hörte alles Rauschen, als stünde man vorn am felsigen Strand. Das pure Wunder; eine Unmöglichkeit. Die jungen Männer, die uns das zeigten, freuten sich königlich an meiner Fassungslosigkeit und an der Verwirrtheit meiner Begleiterinnen.

Je nun. Es geht eine Höhlung in Wasserhöhe vom Ozean bis zu unserem Wiesenloch. Das zeigten uns diese einheimisch-widerwilligen jungen Wehrpflichtigen des Salazarregimes. Ich schrieb mich mit ihnen dann noch. Zweie fielen wenig später im verfluchten Angola, und das war nicht so überraschend wie dieses Loch zum Atlantik.

Die Zartheit der Wälder in der Gegend, in der wir durch Zufall aufgewachsen sind – durch den Zufall unserer Russenflucht – ... und in die ich jedes Mal gern zurückkehrte, das steht am anderen Ende der Skala von Gefühlen, mit denen ich in Westeuropa herumtrampte. Die Zartheit bedeutete genauso auch meinen Geschwistern, unserer Familie von Anfang an viel.

Ellen trat ja am Rande der Kleppermühle schon einmal auf. Ellen war manchmal von Sophienreuth den dreiviertelstundenlangen Weg allein zurückgegangen zu unserer Wohnung, eine Schneise, also einen schnurgraden Weg, nur durch Wald. Das war, wenn Ellen die Nosch zum Schloss zurückgebracht hatte. Später, als Ellen so zirka vierzehn, dann fünfzehn, siebzehn Jahre alt war, ist Ellen oft überhaupt allein durch diese mehrkilometerweiten Wälder gezogen. Da habe ich damals auch gestaunt. Ich habe aber nichts weiter zu Ellen darüber gesagt; ... bei vier Geschwistern ist immer viel Ablenkung. Und danach trieb ich mich bereits nicht mehr in Schönwald herum, sondern ging ich in Göttingen auf die Uni.

Hier erneut einen kleinen Exkurs. Was ich nämlich grade mache, während ich das niederschreibe: Blaubeeren auch essen. Als Kind bin ich mit den Geschwistern immer sehr gern in die Blaubeeren gegangen. Im Fichtelgebirge gibt es da viel, natürlich nicht im März, heut ist der 15. März; aber im Juli. Die Blaubeer'n schmeckten gut, heute noch schmecken sie mir himmlisch. Wenn wir welche zu Hause ablieferten, bekam man dafür je nach Blaubeermenge Geld. Und jetzt, – ich bin nicht in Schönwald, es ist nicht Juli – esse ich gekaufte Blaubeeren. Sie haben nicht ganz den traumhaften Geschmack. Blaubeeren aus Chile. Auf der Südhalbkugel sind folglich jetzt die Blaubeeren reif.

Und vor sechs Tagen, also ja noch nicht lang her, sagte ich dem Verkäufer auf dem kleinen Bio-Wochenmarkt Kollwitzplatz Berlin, dass hier seine Cranberrys auch Preiselbeeren hießen, auf deutsch nämlich. Der ganz junge Verkäufer war wirklich verblüfft. Der war knall-erstaunt, und er notierte sich die Neuigkeit augenblicklich.

»Ja, Preiselbeeren«, und die wüchsen im Wald; nicht nur in extra angelegten Kulturen.

Dass dort in Chile Blaubeeren wachsen, vor kurzem wusste ich das noch gar nicht. Und ob die aus Deutschland dorthin etwa erst eingeführt worden sind? Möglich; – lauter Sachen, die mich interessieren, und für die man, wenn man sie weiß, dann dennoch kein Geld bekommt. Es gibt Leute, die alles Gewusste irgendwie bald in Geld einmünden lassen, und die verdienen damit auch Geld. Denen gegenüber bin ich ganz zwiespältig gesinnt. Ich bewundre die schon ein bisschen; seit jeher veracht' ich solche Leute aber auch; beides. … Ein derart gesplittetes Leben – auseinandergezogen – führten wir vor allem als kleine Kinder, für uns war das selbstverständlich. Sich so doppelt zu orientieren, das ist für uns bestimmend gewesen. Ich komm' eben aus einer Familie, die manche Fehler hatte, nur auf Geld hat diese Familie gepfiffen. Das müssen erst mal welche schaffen. … Und natürlich soll man bei dieser Art, durchzukommen, nicht etwa als Bettler enden. Meine Geschwister haben auch nicht das Geld-Raffen gelernt und haben es nicht kultiviert, sämtlich sie nicht. Deshalb unter anderem gefallen sie mir, das wissen sie gar nicht. Sie ahnen es nicht.

Und jetzt gehe ich gar nicht mehr in irgendwelchen Wald: weil der von dem *Göhrener Ei*, das heißt der Berliner Göhrener Straße, so weit weggedrängt ist.

Ellen, die sich seit vierzig Jahren in Griechenland festgesetzt hat, gewöhnte sich ihr In-den-Wald-Wandern schon als junge Göre an. Die Ellen hat wenig Angst. Stundenlang in den Wald gegangen ist sie solo. Ihre Schulfreundinnen saßen in Hof, dreiundzwanzig Kilometer entfernt. Und erstaunlicherweise, unsre Mutter (Vater war schon gestorben) hatte auch keine Angst um die Tochter. In den Wäldern hat es seit dem Schönwalder Einzug der amerikanischen Besatzer nie eine brenzlige Situation gegeben.

Wir Brüder und speziell ich liefen sowieso durch die Wälder, aber von den gleichaltrigen Mädchen tat das in Schönwald keine. Höchstens im Sommer und zu zweit oder zu dritt und mit Eimerchen in der Hand zum Blaubeerenpflücken. So, um sich im Wald wohlzufühlen, nein keine, außer der Ellen. Zumindest in jenen Jahren gab es in der ganzen Gegend keinerlei Überfälle. Mein Bruder Nils hat mehrstundenlange Waldspaziergänge gemacht, allein. Und er sah dann Füchse, immer wieder eine bestimmte Fähe mit ihren Welpen, ihren Jungen. Die Welpen balgten sich; wie menschliche Kinder, auch so angstfrei. Konnte Nils mitansehen. Er erzählte mir davon, ich bewunderte ihn für das, was er entdeckte. Ich sah immer nur Rehe und Hasen. Hirsche erlebten wir alle nie. Die sah der Alhard von der Borch. Und dessen Ehefrau, die auch oft auf die Jagd mitging.

Was die Ellen sich so bei ihren Spaziergängen dachte; wie ihr zumute war, ich wusste es nicht, und ich weiß es nicht. Damals war ich auch nicht in der Richtung neugierig. Jetzt treibt Ellen seit etwa acht Jahren ihren Vagelis-Ehemann an, dass die beiden auf Kreta abenteuerlich weite Erkundungen der karstig-kalkigen Oberfläche unternehmen; da ist die Ellen besessen von. Zunächst fahren nun Ellen und Vagelis mit dem Auto in eine Zielgegend, auf Kreta sind die Entfernungen groß. Zum Schluss stiefelt Ellen immer durch dick und dünn.

Die Puppel, die jüngste, unternahm so große Waldstreifereien alleine nicht. Allerdings bis 1953 ist unser Vater mit uns Kindern und oft noch zusammen mit unsrer Mutter durch den Wald gezogen. Vier, fünf Stunden lang, und er hat auf hellgrün schimmernden Waldwiesen mit uns herumgeturnt. Unsre Mutter sah zu. Vielleicht nicht ganz so weite Waldspaziergänge machten auch manche andren Schönwalder Familien an Sonntagen, gerade Flüchtlingsfamilien, und hier nicht selten die Family der Tante Gittel. Mit ihrem Manne, Ernst Bauer.

Unser Vater erklärte uns auf diesen Spaziergängen das, was um uns war, Bäume, Pflanzen, Tiere, und er sagte da nicht etwa nur die Namen her. Mit den lateinischen Wörtern verschonte er uns sowieso. Mein Vater konnte uns mächtig viel sagen, weil er schon einmal, fünfzehn schlesische Jahre lang, an allen Wochenenden mit unsrer Mutter im Riesen- und im Isergebirge herumgestromert war; unverheiratet sie beide.

Und vor allem wusste er so viel, weil er lange Zeit einen Förster begleitet hatte. Von einem Förster hat er massenhaft erfahren.

Ich nahm die Sachen von unserm Vater begierig auf. Er konnte gut erklären, es war für mich selbstverständlich, dass man das alles wissen müsste, und so halb und halb dachte ich, den anderen mit mir Gleichaltrigen würde das irgendwie ebenfalls geläufig sein; sie würden es ebenfalls erzählt bekommen. So unvorstellbar ahnungslos war ich damals auf der einen Seite.

Schule – ja. Arbeiten aber, für Geld später einmal sogar, davon war nicht ein einziges Mal die Rede. Einen Beruf zu haben, gewiss. Aber zu arbeiten – womit andere sich sogar regelrecht definier'n –? Solchen Leuten habe ich inzwischen was erzählt. … Damals natürlich nicht, damals definierte sich ja kein Mensch selber.

Die große Selbstverständlichkeit, mit der alle Rahmendaten für uns zusammenpassten (in den ersten zwanzig Lebensjahren), das –? Hat uns entscheidend beeinflusst bis zum heutigen Tag. Für uns stand alles auf festem Boden. Dass man hier und da was verbessern konnte in seiner Umgebung, davon war ich überzeugt.

Die Ellen hatte, als sie die ganz langen Schönwalder Waldspaziergänge machte, zwar eine Freundin gehabt, »die Brendel«, aber die Gudrun Brendel, ihre Mitschülerin und die Klassenbeste, wohnte in Hof. Nach Schönwald zu uns, dreiundzwanzig Kilometer entfernt, kam die nie. Vorher in der Volksschule hatte Ellen außer der Nosch, die sie in der Schule täglich sah, ein, zwei weitere Freundinnen.

Jenes heimliche Sich-Umkleiden der Nosch, jeden Schultag nämlich, ist schon keine Kleinigkeit gewesen. Es regnet ja auch mal ganze Tage lang. Sich da im Gebüsch umdrapieren? Kein Spaßvergnügen.

Und, das Sich-Umprudeln über viele Jahre durchzuhalten? So etwas zieht ja auch die Betreffende in einen ganz bestimmten Charakter hinein. Sie weiß das gar nicht. Kein Nullacht-fuffzehn-Charakter wird dabei schließlich entstehn. Doppelbödige Geschichte das. Selbstdiszipliniertheit wird diejenige sich sehr angewöhnen müssen, und um so grandioser, wenn sie sich dann noch ihr Spontan-Sein erhält.

Aber ich habe soeben eine andere Einschränkung gemacht und muss die auch machen, und wer mir von Anfang an bis hierher gefolgt ist, wird sich bereits fragen: ›Keine Überfälle'? 1919 wurde jemand überfallen in den Wäldern hier. Der Besitzer der Wälder.

In den frühen Fünfziger Jahren bin ich auch oft allein in die Wälder um Schönwald gegangen – es gab ja schon mal Zwist mit den Brüdern. Die Indianerspiele hatten wir nie weiter weg als dreihundert Meter vom Rand des Waldes betrieben, und nie weiter entfernt als sechshundert Meter von unsrer Wohnung. Die Wohnung, Johann-Nikol-Müller-Straße 109, identisch mit der Bergstraße 109, war das vorletzte Haus am oberen Ortsende. Noch etwas später bin ich mit dem Rad im Wald herumgefahren, dann natürlich immer auf Wegen. Die Wege waren manchmal dicht grasbewachsen.

Einmal strampelte ich mit Tempo auf so einem Grasweg; angefeuert ich durch das eigene Tempo. Und plötzlich, rupps, sackte mein Vorderrad dreißig Zentimeter tiefer. Da war nämlich eine Querrinne, ziemlich mit gleichem Durchmesser wie mein Vorderrad. Die querlaufende Erdrinne war auch nicht durch Zufall da, sondern es war eine quergelegte Wasserablaufrinne, nur eben in der trocknen Sommerzeit total grasbestanden und insofern unsichtbar. Mein Vorderrad wurde also abrupt gestoppt, es war da wie eingepasst quer in die Querrinne, mein Fahrrad mit mir drauf schlug einen gewaltigen Dreiviertelskreis um das still gewordne Vorderrad. Ich hatte aber instinktiv meinen Kopf so gehalten, dass ich nicht etwa auf meinen Kopf flog. Und insgesamt tat ich mir auch kaum weh, meine obere Herrenradstange allerdings knickte bei dieser plötzlichen Wucht-Entwicklung im vorderen Abschnitt ein gut Stück nach unten. Das Stahlrohr meines Rahmens. Daran ist heute auch möglich, mein Tempo zu ermessen. An der Knickstelle dieser waagrechten Stange rostete mein Rad in den nächsten drei Jahren, und es brach schließlich an der Knickstelle, ich konnte mein *Stoevers-Greif*-Rad nach den drei Jahren wegschmeißen. Mein Vater hatte es mir geschenkt, ich war da vierzehn Jahre alt gewesen, und vorher hatte ich gar nicht Rad fahren können, ich habe Radfahren erst so spät gelernt. Jetzt fahr' ich ja nur Rad.

Vor allem bevor ich das Rad hatte, war der Wald echt eine umfassende Sache gewesen. Mit dem Fahrrad wurde der Wald für mich verfügbar, vorher war er das nicht. ... vor Freude über das jetzt Verfügbar-Gewordene war ich denn auch so gerast.

Wenn man aber andererseits eine Stunde läuft und dann auf einmal nicht mehr weiß, wo man ist, und bei trübem Wetter spätnachmittags nicht mal die Himmelsrichtungen orten kann, dann geht das schon an die Existenz. Erst recht im Winter. Mir ist das im Winter einige Male passiert: ich hatte mich völlig verlaufen. Keinen Kompass in der Hosentasche und keinen Navi, – der Navi war noch nicht erfunden. Ich war heilfroh, dass ich irgendwann doch nach Haus gelangt bin, mir kam's vor, »aus Zufall«. Todmüde, nach insgesamt fünf Stunden. Einmal nach sechs Stunden. Einen Navi konnte es nicht geben, es gab ja noch nicht einmal die nötigen Satelliten im Raum um die Erde.

... Deutlicher als so mancher andre Jugendliche erlebte ich die Teilung Europas in Ost und West, denn nur fünf Kilometer entfernt von unsrem nordbayrisch-oberfränkischen Ort entfernt verlief östlich die bayrisch-tschechische Grenze. Von dem Haus, in dem wir dann ab 1957 wohnten, konnte ich sogar kilometerweit in die *Tschechei* hineinsehen. Schon in den Jahren vorher bin ich mit ein, zwei anderen oder manchmal allein bis zu der Landesgrenze 'rangegangen. Die Grenze verläuft hier mitten im Wald. Ein leicht unheimliches Gefühl beschlich mich dabei jedes Mal und gab mir einiges zu denken. Die Grenze war zwischen Bayern und der Tschechoslowakei nicht befestigt. Sie war nicht abgezäunt; in einigem Abstand voneinander, fünfzig Metern wohl, standen nur jeweils Grenzpfähle. Ich bin dann auch manchmal vier Meter um so einen Grenzpfahl herum gegangen, habe mich also aus Jux und Dollerei »auf die ausländische Seite« begeben, teils allein, teils vor den Augen meiner Begleiter; zu denen hin hab ich von der kommunistischen Seite aus einige flotte Reden geschwungen. Ich fasste da also solang die vielerorts tödliche Grenze spielerisch auf, ich spielte mit dieser beinah ärgsten aller Grenzen. Auf die andere Seite eines Grenzpfahls mich mehrere Meter weit zu begeben: mir war klar, da missachtete ich ein kardinales Verbot.

Ich begriff dann auch, es war außergewöhnlich, die Scheidelinie zweier riesiger unabsehbarer Blöcke unmittelbar unter den Fußsohlen zu haben, zweier politischer Blöcke, die sich jeweils Tausende Kilometer weit nach Osten und weit nach Westen homogen dann fortsetzten; homogen weltanschaulich mit den jeweils verschiedenen Grundansichten und Rechtssystemen. Einen Wachtposten, einen Tschechen, habe ich nie da an der Grenze erlebt. Auch auf westlicher Seite habe ich keinen Menschen in dem Wald an der Grenze herumlaufen sehen; nie.

Ich äußerte damals zu meinesgleichen mehrfach: wie verrückt sei es doch, dass über diese Grenze hier kein DDR-ler floh. (Mit Sternchen: von Bad Elster etwa in die Tschechoslowakei hinein, westlich. Dann sechs Kilometer durch tschechisches, kaum begangenes Gelände und im Wald bei Schönlind unbehelligtunangeschossen auf bayrisches, westliches Gebiet).

»Die DDR- Leute wissen das nicht, dass hier Wald

ist und dass hier kein Mensch ist. Die haben eben keine guten Karten«, sagte ich zu meinen Begleitern, und ich hob mein Messtischblatt kurz an. Wenig genug Menschen, mit denen ich mich überhaupt über so etwas unterhielt.

6. KAPITEL
Arnims Holzwolle

Dass ich mich so angelegentlich über die von der Borchs verbreite, ist schon nicht von ungefähr. Meine Geschwister und ich sind am Rand von Wäldern aufgewachsen. Ich brauche dieses Quantum Natur, und es ist dabei gleichgültig, ob das mir gehört oder mir nicht gehört. Bereits die alten Vorfahr'n hierzulande kannten ja die Allmende; selbst einer wie der Marx hat dem Verlust der Allmende sehr nachgetrauert – er, Marx, dann in England (Das Kapital, Band 1) –. Diesen Reichtum von Natur, dieses Natürliche, dies Umfeld hatte ich wem zu verdanken? Einem mir ja persönlich nicht bekannten Herrn Arnim, Urgroßpapá der Nosch. Herr von Arnim hat das alles angelegt, und meine Geschwister und Eltern und ich und meine besten Freunde benutzten es jetzt. Arnim hatte seinen Besitz sogar mit sein'm Leben bezahlt schließlich.

Inzwischen heute ist der Wald nicht mehr so toll. Hier standen Fichten in Monokultur. Fichten sind Flachwurzler; die beeinträchtigt der fehlende Regen ganz besonders. Viecher wie der Borkenkäfer beginnen sich massenhaft zu vermehren, die Monokultur trägt dazu entscheidend bei. Normalerweise bilden Bäume bei Befall dann vermehrt Harz gegen die Käfer. Aber dafür brauchen die Bäume genug Wasser, zum Beispiel Regenwasser.

Also regnen soll's! Und Flachwurzler wie die

Fichte sind viel anfälliger für Stürme. Fichten sollten es aber für Herrn von Arnim schon sein, die sind schnellwüchsig; auch der von Arnim betrachtete den Wald, den er hier wieder aufforstete, als Wirtschaftswald. Deshalb Monokultur. Erst der heutige Borchsche Besitzer (Louis Ferdinand) rückt von dieser Linie ab.

Trotz Nutzwald, 1955 gab es hier gottbegnadet schöne Stellen in den Wäldern. Die ›Mooswiese‹, vormals einen kleinen Teich. Die Feuchte Wiese (‚*Wirtswiesn'*). Die Kleppermühle. Die Einkehrmöglichkeit ›*Oult's Pfarrhaus*‹ mitten im Wald, und die Röllmühle, 1950 ebenfalls zum Einkehren. Oder nah bei der Hütte *Försters Ruh* – in Messtischblättern so eingetragen – einen kleinen See zwischen senkrechten Granitwänden, die auch oberhalb des Wasserspiegels noch zwischen sechs und zehn Meter weiter senkrechthoch ansteigen; ehemaligen Steinbruch. Das alles brachte mich dazu, noch mehr nach solchen Stellen zu suchen, es veranlasste mich, eigene Wanderungen zu machen. Und insofern habe ich natürlich auf Schönwalder Gleichaltrige verzichtet. … Manchmal fand ich das schade.

Puppel fieberte auch danach, im Wald mitzutun. Sie wollte mittun bei den Indianerspielen, die ich am Waldrand mir als kleiner Junge zusammen mit den anderen so einfallen ließ. Puppel schloss sich meinem Bruder Nils und einem Nachbarjungen an, Wolfgang Bühler, der von Rehau her seine Schäiwollerer *Omma*, Großmutter, besuchte, und jetzt erst bin ich da eingeweiht worden, dass die sich genauso Indianerwigwams bauten; ich merkte gar nicht, dass ich nachgeahmt wurde.

An mehreren Stellen im Wald waren die Steinbrüche, einer wurde noch betrieben. Die besaß der Herr Luding. Granit brach man da. Die Wälder hingegen gehörten ja dem Königlich Sächsischen Kammerherrn und Rittmeister der Reserve von Arnim. Seit 1872 gehörten sie dem. Der hatte die Wälder eigentlich schon eher kaufen wollen. Aber das Bewerbungsschreiben auf eine Ausschreibung hin, mit dem er sich gemeldet hatte, ging aus Verrücktheit nach Beirut im Libanon und nicht an die ausschreibende Regierungsstelle in Bayreuth, Oberfranken; in der Zwischenzeit erwarb ein Brüderpaar Häring diese Wälder. Die Brüder erwiesen sich schnell als Spekulanten. Die besaßen ein Dampfsägewerk im relativ nahen Plauen, und die Härings holzten innerhalb allerkürzester Zeit einen beträchtlichen Teil der kilometerweiten Fläche bereits ab.

Der Rest-Wald hat dann auch nicht mehr zart ausgesehen. Und die Härings hatten vor, die Waldungen hier komplett zu fällen.

Der ganze, schöne Wald sollte genau in Plauen zersägt werden? Fragte mich, 1960, die Nosch und fragte mich jetzt, 2021, erst recht die Puppel.

Keine Frage. In Plauen.

Spekulanten wollen Geld. Die Härings hatten den Waldbestand für 472 000 Gulden erworben; Arnim kaufte den Restwald für 570 000 Gulden den beiden Halunken ab und vergrößerte seinen neuen Besitz durch weiteren Zukauf von angrenzenden Fluren; Fluren ganzer Ortschaften. Das konnte er, weil er gleichzeitig auch Lehensherr auf Planitz, Irfersgrün, Voigtsgrün und Herr auf Otterwisch war. Er war vermögend und hatte gerade reich geerbt. Er war, als er seine erste Kaufbewerbung abgeschickt hatte, zwanzig Jahre alt gewesen, und wäre er da schon erfahrener gewesen, hätte er auch schneller wegen des Ausbleibens der Bayreuther Reaktion nachgebohrt.

Jetzt verfügte der Kammerherr Arnim, also eben der Urgroßvater von Ellens Nosch, nicht nur über die 1600 Tagwerk der Härings, sondern über viertausend Tagwerk. Die forstete er vorbildlich wieder auf. Anzucht von Fichten. Fischzuchtteiche. Genauesten Überblick. Anlegen von Schneisen im Wald – auf deren einer Ellen die Nosch nach Hause begleitete –. Persönliche Kontrolle allenthalben, kein träge-adliges sich-Zurücklehnen. Einstellen eines fähigen Oberförsters. Waldnutzung durch Errichten einer kleinen Holzwollefabrik in der Grünauer Mühle im eignen Revier. Und die Ansiedlung der Porzellanfabriken förderte er, indem er die passenden, geeigneten Grundstücke verkaufte. Damit allerdings zog er sich die Widersacher heran, die Industrieproleten, die ihm nach dem verlorenen ersten Weltkrieg das Schloss Sophienreuth anzündeten und in Flammen aufgehen ließen und von denen welche ihn in seinem Wald ermordeten. Wie? Er hatte vor winterlichen Holzdieben einen warnenden Schuss abgegeben. Niemand war getroffen, aber die Gruppe, nicht ein anomal ausrastender Einzelner, sondern die ganze Mischpoke, warf sich auf ihn. Sie hat sich an ihm ausgetobt; 1919 passierten solche Sachen. Der Krieg war eben noch längst nicht aus, da konnten die Herren im Wald von Compiègne dreimal was vereinbart haben. Der Krieg wandelte sich ein bisschen in Bürgerkrieg. Und hinterher beriefen sich die Schönwalder und Schönwalderinnen allesamt auf Putativnotwehr. Fertig. Gesessen hat dann keiner. Keine. Geahndet ist das nie worden.

Arnim stufte die Schönwalder aber sowieso etwas falsch ein. Die Leute in Schönwald waren schon längst keine Leibeigenen mehr, und darin bestand der kleine Unterschied zu den Hintersassen im sächsischen Irfersgrün, Voigtsgrün und so weiter. Die Voigtsgrüner waren deshalb immer noch gefügiger. Arnim vergaß, dass er mit den Schönwaldern auch im Tonfall nicht so umspringen durfte. Schon das Sächsische war hier falsch, hier klang das hochmütig; für die Voigtsgrüner war das nicht hochnäsig.

Hätte er andererseits nicht diese Dörfer besessen, hätte er niemals die Schönwalder Waldungen erwerben können. Er hätte sich das dann nicht leisten können.

In der Fabrikarbeiterkleinstadt Schönwald herrschten auch achtundzwanzig Jahre später raue Sitten, 1947. Auf dem Schulheimweg haben mich einmal, mitten im Ort, drei Achtklässler, die mich überhaupt nicht kannten, schlimm geschlagen, zusammengeboxt; Vierzehnjährige. Ohne den leisesten Anlass. Ein zweites Mal so grundlos bin ich auf der Straße erst wieder

2009 in Berlin überfallen worden. 1947, als ich augenblicklich aufschrie und rief, ich hätt ja nichts gemacht, sagten die Achtklässler nur:

»Du bist kleiner als wir.«

»Du bist in der dritten Klasse erst, also kriegst du von uns Hiebe.«

Und sie führten noch mehr so schlecht zu vergessende Reden.

Ich rief, »das ist gemein!«

Sie höhnten nur und verwiesen noch mal auf ihre höhere Schulklasse. Mein Glaube, dass es gerecht zugehe, wurde auf diesem Heimweg erschüttert. Ich weiß die Örtlichkeit, die Straßenstelle natürlich noch genau (und hier hatten die einrückenden Amerikaner eins der Schönwalder Häuser am 19. April 45 mit einer Granate weggewischt).

Die Großen, ab achte Klasse, können sich alles erlauben, fasste ich mein Überfallenwerden für mich zusammen; mit der Gerechtigkeit ist es also nichts. Ich dachte auch: Na, wenn *ich* erst mal so alt bin! – Aber das würde noch lange dauern, ewig. Und mir ging durch den Kopf: ich müsste eben 'ne Bande haben. Bloß, ich hatte keine Bande. Ich schrie den Achtklässlern wenigstens zu: »Ich sag das meinem großen Bruder!«

»Soll doch kommen, der.«

Die baten sogar darum, ah!

Unendlich bedauerte ich in diesen Minuten, dass ich gar keinen älteren Bruder und keine Bande hatte. Mein Cousin, neun Jahre älter, Onkel Ernsts Sohn, war ja zu feig – das wusste ich jetzt schon – und würde sich für mich niemals auf etwas einlassen. Und meine Indianerspielgruppe? Wir waren viel zu wenig. Die waren zum Teil noch jünger als ich.

Den Gewaltakt der Achtklässler berichtete ich auch den Eltern, … ich merkte da, von denen war leider keine Hilfe zu erwarten. Die Eltern führten hier nur einen Eiertanz auf, den ich durchschaute.

Noch zwei oder drei Mal bin ich in Schönwald auf dem Schulweg von Älteren angesprochen und massiv bedroht worden, dann aber nicht physisch angegriffen worden.

In dem heftigen Schönwald war ich nicht selber nur so der Leidtragende. Es hilft nichts, das muss ich mit bekennen. Ich erzählte zu Hause den Eltern, wie es da in unsrer Klasse ziemlich eine Rangordnung gar nicht nach besten Lernleistungen, sondern auch noch ›nach Stärke‹ gab. Und die sei mindestens so wichtig. Ich fand das schlecht. Unser Vater berichtete daraufhin, wie sie bei der Armee im zweiten Weltkrieg Jiu-Jitsu beigebracht gekriegt hätten; für den Nahkampf mit Russen. Er machte dann an mir vor, wie man mit Jiu-Jitsu-Hebelgriffen einen Russen zu Boden kriegt. Viele Male übte ich das mit ihm, er zeigte mir allerlei Griffe. Es war eine besondere Form des japanischen Ringens; und ich fühlte mich langsam so firm, dass ich in der Klasse eines Morgens vor mehreren, schlauerweise noch nicht vor den Stärksten, angab: »ich kann jeden umkriegen«. Das waren meines Vaters Worte.

Schneller, als ich gedacht hätte, wurde das dem Heggels Egon weitergesagt. Der Heggels Egon galt als der Stärkste in der Klasse. Kräftiger als ich erschien er jedenfalls. Obendrein war er rauflustig. Man hatte ihn, weil er etwas kränklich war, erst zwei Jahre später eingeschult, und er war zwei Jahre älter als wir anderen.

Er forderte mich gleich am nächsten Pausenanfang heraus, und ich konnte nicht gut nein sagen, obwohl ich lieber erst mal mein Jiu-Jitsu mit weniger Starken ausprobiert hätte. Wie ging die Geschichte aus? Der Egon fing einen Sekundenbruchteil eher an. Ich hatte nicht die überraschende Schnelligkeit auf meiner Seite, ich hatte nicht die Überraschung als Hilfe für mich; gar nicht, sondern die hatte er zusätzlich grade für sich. Er besiegte mich.

Ich hatt' nicht damit gerechnet.

Die Niederlage erledigte mich noch darüber hinaus, sie entmutigte mich. Was war das denn mit Vaters japanischen Wundergriffen, ich hatte doch gar nichts falsch gemacht? Ich war vollkommen aufgewühlt; ich kannte mich jetzt, hier, punktuell überhaupt nicht mit unserm Vater aus. Er hatte mir die Überlegenheit doch so klar herausgestellt. Getäuscht hatte er sich. Keine Ahnung hatte er, ich gab die Schuld daran, dass ich vom Egon Heggel umgehauen worden war, irgendwie auch mit meinem Vater. Und vermied aber doch, dem das alles zu sagen.

So sah das damals aus.

1988 auf dem Klassentreffen, an dem ich teilnahm,

erzählte man mir vom Egon wörtlich: »Er ist nicht da, weil er sehr sehr krank ist«. Und ein Jahr später war er tot.

Der Religionsunterricht war das Einzige, bei dem wir mit der anderen Hälfte der Klasse zusammenkamen. Wir Jungens mit den Mädels. Nur hier lernten wir die Mädchen kennen. Religion war zwei Mal in der Woche eine Stunde. Ein Mädchen war die Helga Heilmeier; ... die fiel mir schon mal auf, weil sie mit lauter H's war. Sie sah nicht schlecht aus, war aber doch nicht so mein Fall, sie guckte mir viel zu sehr auf ihr Äußeres. Sie war mir eindeutig andauernd zu eitel. Irgendwie kriegte ich Achtjähriger und Neunjähriger das mit, obwohl ich mit ihr kaum fünf Sätze geredet habe. Sie hätte, fand ich, ihr Eitel-Sein mal drangeben sollen. Wir Jungens redeten mit den Mädchen fast gar nicht, ... äußerst wenig.

Dass mir in Religion alles so leichtfiel, hatte ich völlig meinem Vater zu verdanken. Das weiß ich heute, damals ahnte ich es nicht einmal. Ich hatte damals keine Vergleichsmöglichkeiten. Mein Vater war religiös – auch wenn er nicht alles genau so glaubte, wie es die evangelische Kirche verkündete –, und er brachte mir die religiösen Inhalte nahe; unaufdringlich. Er machte das sehr geschickt. Ob ihm das bewusst war und ob er es sich richtig vornahm? Abends lehrte er uns nach dem Ins-Bett-Gehen einige Gebete und ließ er mich beten. Meine Mutter ließ mich auch beten, aber sonst war unsre Mutter gar nicht religiös – das ist mir ebenfalls erst jetzt klar geworden, nach siebzig

Jahren also, eher nicht, … und schon hier will ich einflechten: meiner Mutter trauere ich hundertmal mehr nach als meinem Vater. Heute lehne ich meinen Vater insgesamt scharf ab. Unsre Mutter war für mich in Wahrheit die Entscheidende, ich wusste das nur nicht, und ich begreife heute meine Ahnungslosigkeit von damals nicht.

Mein Vater hatte auch Positives. Er regte an und unterstützte, dass wir Kinder und ich barbs gingen. Bald war uns das selbstverständlich. Ich tat das gern. Ging ich auch barfuß in die Schule im Sommer? Manchmal ja. In den unteren Klassen; nicht in Herischdorf, Schlesien, aber in Schönwald, Westdeutschland. Und was da die besondere Leistung meines Vaters? Ich erinner' mich noch, wie mich zwei oder dreimal mein Großvater anblaffte, »barfußlaufen, was ist das! Zieh dir Schuhe an.«

Ich vermied das ja grade, an den warmen Tagen. Ich war stolz, barbs sogar durch ein Stoppelfeld gehen zu können – nämlich mit der richtigen Technik; anders hätte das grausam gestochen und wehgetan und wär' gar nicht möglich gewesen. Vielleicht war's auch den Urvorfahren-Kindern nur in der einen Weise möglich gewesen. Jedenfalls ich kapierte: mein Großvater missbilligte das Barfußlaufen, meine Großmama schlug sich auch nicht auf meine Seite. Die schwieg sich da aus.

Mein Vater hatte nicht mehr nötig, 'rauszuhängen, dass er was Besseres wäre. Mein Großvater, *zweite Generation*, hatte das psychisch noch nötig. Der war ja aufgestiegen, »Professor«. Mein Vater wusste: barfuß laufen, das ist in vielerlei Hinsicht gesund; Schuhe, *die* wären das Zweitklassige.

Und meine zwei jüngsten Geschwister, die noch leben, wissen über all die Hintergründe nichts.

7. KAPITEL
Nosch

Eines Tages damals, es fing schon an zu dämmern, sah'n ich und ein Klassenkamerad *die Heilmeiere* auf der Hauptstraße vor der Villa des Onkels Martin stehen, zusammen mit einem anderen Mädchen. Die unterhielten sich, sie sahen auch uns. Wir zwei Jungs blieben vierzig Meter entfernt stehen, sechs Meter höher auf einem hier oben schräg verlaufenden Granitplattenweg. Was hatte die Heilmeiere, die zwei Kilometer weiter weg im »Unterdorf« wohnte, im »Oberdorf« zu suchen! Das erörterte ich mit meinem Kumpel. Und dann, nach zwei Minuten, sammelten wir Steine auf, sechs Zentimeter dicke Steine; also es lag für mich inzwischen auch nahe, selber anzugreifen, und wir schmissen. Wir schmissen mehrfach in Richtung auf die Mädchen, die dauernd auf uns guckten. Wir warfen mit Steinen nach den Mädchen; das ging von mir aus.

Um die zu vertreiben aus dem Oberdorf. Aber es gefiel mir auch darüber hinaus, die so anzugreifen. Vielleicht fünf Mal schmiss ich einen Stein.

Wir trafen die nicht. Was mich ein bisschen ärgerte. Trotzdem bibberte ich innerlich, dass ich die etwa treffen würde, und dass die dann verdammt verletzt gewesen wären. Glücklicherweise, gottseidank trafen wir nicht. Unglaublich übel, war mir klar, hätte das ausgehen können. Aber schmeißen wollte ich doch; die Heilmeiere musste hier verschwinden! Eine total zwiespältige Geschichte das. Ja, so war mein Kontakt mit Mädchen.

Irgendwelchen Erwachsenen, den Eltern, sagte ich da wieder mal nichts von.

Auf dem Volksschul-Klassentreffen 1988, also einundvierzig Jahre später, redete ich einmal kurz mit der Helga Heilmeier, nun -Schilling. Sie war da durchaus freundlich, die nunmehrige Frau Schilling. Das verblüffte mich. Wir verabredeten auch, ich könnte sie mal besuchen. Nach drei Jahren tat ich das dann. Sie hatte als Modedesignerin ihr Leben lang soweit Geld verdient. Für Nur-Volksschulabschluss hochbeachtlich. Sie war verwitwet oder geschieden. Ich brachte die Sprache auf die angeflogen-gekommenen Steine. Ob sie sich da dran erinnre. Antwortete sie: »Natürlich erinner' ich mich da dran!« Ich hatte das sowohl ja wie nein für möglich gehalten. Die Helga Heilmeier klärte mich auf, das sei für sie ein einschneidender Moment gewesen. Ich entschuldigte mich nach den vierundvierzig Jahren zweimal regelrecht bei ihr. Und ich sagte ihr wahrheitsgemäß, ich könne mich da heute selber nicht mehr verstehen. So wie oft, erhielt ich hier keine Antwort.

Raues Schönwald.

Der Friedfertigste von uns Geschwistern war der Nils, und die Puppel hatte einen schon guten Riecher, den zu ihrem Lieblingsbruder zu küren. Niemand, der so leicht an einen Mitspieler, an einen Mittuenden, an einen Freund kam wie er. Und unser Vater verhaute gerade den Nils. Nur weil Nils oft nicht so wollte wie er, der Vater. Das hielt der Vater nicht aus. Von heute her gesehen, hätte mein Bruder oft sogar recht gehabt und gar nicht unser Vater. Nils spielte mit Rotzlöffeljungens, er hatte also keinen Hochmut. Prügel! Nils kam glänzend, blendend mit x-beliebigen einheimischen Kindern aus – Haue; weil er wieder mit einem Jungen aus schlechtem Hause, das hieß einfach einem aus Fabrikarbeitermilieu, zusammengesteckt hatte. Ganz heimlich bewunderte und beneidete ich den Nils auch, denn so leicht schaffte ich nicht einen Kontakt zu den Dorfjungens hier. Dieses himmelweite Auseinanderklaffen von religiöser Gläubigkeit unsres Vaters und dessen tatsächlichem Leben hat mir, mir jedenfalls, die ganze Religion ein bisschen diskreditiert.

Nils hatte sich auch als kleiner achtjähriger Junge angewöhnt: Wenn er im Bett dicht davor war, einzuschlafen, oder wenn er nachts aufwachte oder er halbwach lag, rollte er im Bett den Kopf immer hin und her. Wenn er auf dem Rücken flach im Bett lag. Wir Kinder schliefen nicht allein jeder in einem Zimmer, sondern alle fünf zunächst in einem Zimmerchen, später wir drei Jungens zusammen in einem hinteren Raumteil, der zu unseren Großeltern hin mit Schränken abgetrennt war. Uns Brüder störte Nils' Gerolle, sein Genudle, wir wurden dadurch wach und konnten unsrerseits nicht mehr einschlafen. Ich zum Beispiel rief Nils laut an, er solle das sein lassen; da hörte er auf, und nach 'ner Minute fing er wieder an. Im Halbschlaf. Im Beinah-Schlaf; und das setzte sich womöglich stundenlang fort. Wir sagten das natürlich auch den Eltern.

Mein Vater nahm ihn ins Gebet. Nils sagte immer »ja«. Er versprach immer damit aufzuhören, und er ließ das Nudeln, wie wir 's nannten, nicht bleiben.

Über Jahre ging das so. Unser Vater stellte Nilles Bett in das Zimmer, in dem mein Vater schlief, und wenn Nils nudelte, hielt mein Vater ihm den Kopf kurz fest. Ließ mein Vater los, nudelte Nils nach einer Minute weiter. Da fing mein Vater an, ihm Kopfnüsse zu geben, von seinem Bett zu Nilles Bett hin. Innerhalb zwei Minuten nudelte Nils dann doch wieder. Mein Bruder musste diese Züchtigungen aushalten. Er wurde mit den Knöcheln der väterlichen Faust traktiert. Und nudelte nach kürzester Pause weiter. Über Monate hin ließ unser Vater ihm die Peinigung angedeihen, unglaublicher Weise, und dann gab es mein Vater auf und stellte er Nilles Bett wieder zu uns. Nun wurde ich ermächtigt, dem Bruder diese Tortur zuzufügen, und ich gesteh' 's reumütig, ich tat das auch. Mehrere Tage, dann hörte ich auf, ich fand das zu hässlich. Aber bald, nach einer Woche, beanspruchte Rolli das Bett neben Nils, und dann verteilte der genial angehauchte Rolli immer die nächtlichen Kopfnüsse. Denn Rolli konnte erst recht nicht vertragen, immer so um den Schlaf gebracht zu werden.

Bei Tisch, am Tage, wurde die Sache zum hundertein-sten Male durchgenommen, und mein Vater gab zu bedenken, so ein Nudeln werde sich keine Frau bieten lassen. Einwandfrei würde Nils nicht heiraten. Nie ’ne Frau kriegen. Oder falls doch, würde die Scheidung im Voraus klar sein. Meine Mutter sagte nichts. Nils zu allem dem schweigend, selbst bei dieser bösen Voraussage. Er versprach nur immer, nicht in genervter Stimmlage, sondern ruhig, sich das abzugewöhnen. Zu dem Argument mit den Frauen hat mein Bruder gar nichts geantwortet.

Dann, viel später: Nils kam eines Tages auf dem Schönwalder Endabschnitt des täglichen Schul-Heimwegs, des hundertminütigen, auf mich zu, strahlend, und er vertraute mir was an. Das hatte mit der Anke Lechler zu tun, die mir so in die Augen stach. Anke Lechler fuhr mit ihrem Pulk von Freundinnen jeden Tag ein Stück der Eisenbahnstrecke mit, sie von Selb nach Rehau, wir von Schönwald nach Hof.

»Du hast die ja«, sagt Nils, »immer mal anquatschen wollen, und bisher ist das doch nicht gegangen. So dass du’s bisher nicht gemacht hast.«

»Da hast du recht«, sagte ich, und kurz lachte ich.

»Die hab ich gestern angesprochen. Und die war auch nett.« Er war dann zusammen mit der und ihren Schulkameradinnen weiter im Zug nach Selb durchgefahren; er einfach, ohne die Mehrstrecke zu bezahlen. Fiel dem Schaffner in Selb zwar auf, aber Nils konnte mit Nachzahlen das Unheil klein halten. Das heißt, Ankes Freundinnen legten für ihn zusammen.

Nils hat die Anke dann sogar noch bis zu deren Wohnung weiterbegleitet. Und, berichtete er mir, sie hätten sich verabredet, jetzt für einen der nächsten Tage.

Anke Lechler kam dann an dem Tag zu Nils 'runter auf die Straße. Nils erzählte mir einige Tage später: das sei einfach o.k. mit der. Noch mal drückte er es vor mir auch so aus, er sei quasi für mich eingesprungen. Er hätt' sie für mich aufgetaut. In der nächsten Woche sagte er's dann nicht mehr so. Nach zwei Wochen war klar: Die Anke Lechler war nur was für ihn.

Ich empfand das: er hat sie mir weggenommen, bei aller brüderlichen Zuwendung. Unsre brüderliche Situation grundierte das gut; das hatte er 'raus. Wer weiß, was er Lustiges, vor allem Spöttisches über mich erzählt hat. Ich hab niemals mit der Anke ein Wort geredet.

Jedenfalls bewies Nils – indem er abends manches Mal überhaupt nicht nach Hause kam –, dass ihm kein Mädel das Bett verweigerte. Sehr im Gegenteil. Souveränerweise erwähnte er das gar nicht extra. ... Erst früh im Schulzug sah'n wir ihn da wieder.

Und damit spielte Nils ein paar Leute, im Nachhinein vor allem meinen Vater, an die Wand. Auch uns Brüder. Wohl zwei Monate machte mir Nils' Affäre zu schaffen. Der Vater war da bereits auf dem Friedhof.

Unser Vater züchtigte nicht nur den Nils – und, dann und wann gelegentlich uns andere Brüder –, er verprügelte gegen Ende seiner Laufbahn ebenfalls unsre Mutter. Er war mit ihrer Art, uns Kinder zu erzieh'n, nicht einverstanden, unsre Mutter war ihm zu milde Nils gegenüber. Er drosch nicht nur auf den Nils ein, sondern auch auf sie (ich hatte mich vierzehnjährig mehrere Male dazwischengedrängt, völlig ergebnislos; er war kräftiger, und er hatte ja den Stock). Er kloppte auf seine Frau ein, von der er zwanzig Jahre davor deren ganzes gesamtes Erbe 'rübergeschoben bekommen hatte, so dass er die Plantagen und die Süßmosterei hatte aufbauen können. Meine Mutter, die mit ihm durch dick und dünn gegangen war und die fünfzehn Jahre auf ihn gewartet hatte. Fünfunddreißig Jahre war sie dann schon alt gewesen, als sie das erste Kind bekommen hatte, das war damals für eine Frau ganz spät. Unser Vater war fürchterlich religiös gewesen, *liebet eure Feinde*. Seine religiöse Einstellung und die jetzt so umgesetzt? Das klaffte für mich denn doch auseinander, schon in den Fünfziger Jahren. Er hatte für den Nils einen eigens ausgesuchten Stock; passte das zu 'ner Religion der Nächstenliebe? Es passte nein. Und den Stock dafür auszusuchen? Grenzte schon an, na –?

Die schlimmeren Sachen hat er von mir dabei gar nicht mitgekriegt, weil er da noch in einer andern Ecke der Bizone gewohnt hatte. Wir, weil wir Flüchtlinge waren, wohnten anfangs auf kleinster Fläche. Abends, morgens wuschen wir uns in dem einen Raum immer an einer Waschschüssel. Den, der sich gerade wusch, sahen die übrigen dann von hinten. Meine Mutter war dran, sich zu waschen, wir Kinder befanden uns in ihrem Rücken, wir aßen unsere Marmelade-Frühstücksschnitten, und ich kam auf die lustige Idee, mich an meine Mutter 'ranzuschleichen. Immer näher noch, und dann sagte ich laut zu ihr, »ich riech' dein'n

Po.« Wie von der Tarantel gestochen drehte sich meine Mutter um.

»Was?«, ich kriegte kräftig eins hinter die Ohren. Damit hatte ich überhaupt nicht gerechnet. Ich hatte Mein's eigentlich als freundlich-vertraute Sache gedacht. Maulig, verdattert, erklärte ich noch mal, »ich hab doch nur gesagt, ich riech' dein'n Po –«, meine Mutter haute ein zweites Mal auf mich ein, schmerzhaft-heftig. Und fauchte irgendwas kurz. Auch ihre Wascherei war zu Ende.

Und die Geschichte mit meinem Vater weiter? Von der Puppel kriegte ich später heraus, wie Nils bei der Nachricht vom Tod unsres Vaters gewesen war, ich hatte da gleichzeitig im Krankenhaus Selb gelegen, ich hatte das nicht erlebt. Nils, nicht ganz zwölf Jahre alt, war dann zu seinem Baum gerannt, der hohen Kastanie. Dort in der Höhlung hatte er seine Geheimnisse versteckt, Taschenmesser, Eichelhäherfederchen, Schnur. Puppel war ihm nachgelaufen und fand ihn bei dem Baum, er weinte. Da fing sie ebenso zu weinen an, weil er weinte. Eine alte Bekannte kam vom Hinterhof gegenüber mit Äpfeln zu ihnen her; die wusste von dem Tod inzwischen gleichfalls. Auch Puppel begriff Nils' heftiges Weinen nicht ganz, sie hatte die Exzesse unsres Vaters ja mit angesehen.

Ich bin generell weniger renitent gewesen in der einstigen Zeit – verglichen mit heute –, nur schwer ahnungslos. Und verspielt. Als ich mich dem Abitur näherte, spukte mir immer wieder ein historischer Begriff im Kopf herum, »Fahrende Schüler«. Auf meine eigensinnige Weise hatte ich es mit diesem Begriff. Ich bin da im Mai eine Reihe von Tagen die Strecke nach Hof nicht die vierzig Minuten mit der Bahn gerollt, sondern die Strecke mit dem Fahrrad gefahren, freihändig. Ohne die Lenkstange auf den zwanzig Kilometern Bundesstraße anzufassen. Freihändig, darauf war es mir unbedingt angekommen. Mit, Geld später mal zu verdienen, hatte das wieder nichts zu tun. Aber ich war jetzt sozusagen mit den einstigen fahrenden Scholaren gleichrangig. Denen fühlte ich mich nun gewachsen.

In Mathe war ich, bei manchen Lehrern, nicht so gut. Immerhin, verspielt kann einer bis in die Mathematik hinein sein, und ich löcherte schon als Kind eine Zeitlang unsern Vater: »Was ist das Kleinste?«

Das sei ein Sandkorn. Seesand. »Unbedingt Seesand.«

»Nein in Zentimetern, mit dem Zentimetermaß!«

»Ein Millimeter. Das ist der zehnte Teil …«

»Aber das Allerkleinste!«

Ich nagelte meinen Vater nach dem Kleinsten, nach dem Größten. Wie groß? Ich wollte es sehr genau nehmen mit den Maßen. Bis er allmählich bei der Dezillion anlangte. Die war noch nicht einmal in dreibändigen Naturwissenschaftslexika aufgeführt; in solch einem Lexikon gingen die Zahlen nur bis zur Septillion. Dezillion, da erst gab ich Ruhe. Ein Dezillionstel. Eine Zahl ist noch kleiner als das kleinste Etwas.

Vermutlich wegen meinem Drang nach Genauigkeit kam ich im Abitur – aber erst da – auf eine 1.

In Mathe hatten wir über Jahre hin einen Lehrer, den Haase, der seinerseits das Examen an der Uni mit einer 4 bestanden hatte. So etwas sickerte irgendwann an unserem Gymnasium todsicher durch. Zu erklären, war auch nicht Haases Stärke.

In Kürze stand für uns wieder eine Klassenarbeit an. Ach herrje, das hieß, sich genaustens vorbereiten. Draußen war Frühlingswetter. Ich schwitzte. Vor allem schwitzte ich über Mathe-Sätzen, »planimetrischen« Aufgaben. Ich wollte auch nicht im Haus, auf einem Stuhl angeklebt, lernen. Und da kam ich auf die Idee, ich nahm meine Hängematte, ging in den Wald – Waldrand genügte – und spannte die Hängematte zwischen zwei Fichtenstämmen auf. Ich bestieg meine Hängematte. Stieg wieder heraus und brachte sie nun so niedrig an, dass ich aus der Hängematte meine Stifte und Skripten greifen konnte, die ich nun nicht mehr in der weitmaschigen Hängematte hatte, sondern auf dem Fichtenwaldboden. Weggeblasen konnten sie auf dem Waldboden aber werden.

Es gab auch noch soundso viel andere Ablenkungen; ich kostete meine neue Lage aus und schaukelte ein wenig. Ich wollte, ... noch bevor der frei herumzutragende Laptop erfunden worden war, die Hausumgebung abschütteln, das stationäre Festgelegt-Sein abtun. Ich schaukelte etwas, die Papierseiten vor mir auf dem Schoß verschoben sich immer wieder, und vor allem, ich beschäftigte mich nicht so kontinuierlich-zusammenhängend mit den Mathe-Problemen, wie ich es in der sturen Wohnung am Tisch getan hätte. Ich merkte mir also auch weniger; es dauerte länger, bis ich zum vierten Themenkomplex gelangte; am andern Tag schrieben wir die Schulaufgabe, und eine Woche später zeigte sich: verhau'n die Arbeit. Einen Fünfer. Meine Mutter hat mir hernach ein halbes Jahr Mathenachhilfeunterricht bezahlt.

Nachhilfe? Bei wem denn? Mir kam da etwas zu Ohren. Die Frau des Herrn Haase gab solchen Nachhilfeunterricht; auch einem Schüler ihres Mannes aus einem höheren Jahrgang. Der Mathelehrer selber durfte seinen Schülern nicht honorierte Nachhilfe erteilen. Die Ehefrau sei ja aber nicht unsre Mathelehrerin, die dürfe das, hörte ich.

Auf diese eigentlich schräge Nachhilfe ließ ich mich dann ein. Übrigens nur ein Vierteljahr lang. Im Abiturjahr hatte ich als Halbjahreszeugnisnote Mathematik wieder einmal 5, aber im Abitur schrieb ich die 1. Ins Abiturzeugnis bekam ich dadurch eine 2. Im Kopfrechnen blieb ich schwach. Kopfrechnen ist ja auch was völlig anderes.

Verspielt ... und trotzig. Mit trotzigen Leuten hatten wir es in diesem Schönwald sowieso immer zu tun. Nosch hat während der ganzen Kindheit ihren Kleiderwiderstand nicht aufgegeben. Die wusste das Sich-Umziehen im Wald immer weiter vor den Eltern zu vertuschen. Und Ellen konnte daran sehen, dass die Freundin ganz schön Muffen vor ihren Eltern hatte.

Wir sind auch, in den Anfängen meiner Out-Door-Zeit, so einige Male mit Nosch losgezogen; stapften durch die feuchte Talebene ihres wasserreichen Perlenbachs, in dessen Flussmuscheln sich gelegentlich Perlen befanden, schimmernde, irisierende Perlen, die sich verbotnermaßen herausnehmen ließen – ich fand nie eine, aber Nils fand zwei –; diese Talebene mussten wir durchtappen, um hinüber zum Steinriesl zu kommen, dem abschüssigen Steilhang, an dem der blanke Phyllitfels, Schiefer, hervortritt; ... unser Grüppchen bestand aus meinen zwei Brüdern, mir und der Ellen, dem Flüchtlingssohn Reinhard, der im Schloss im Dachgeschoss wohnte, vielleicht noch einem weiteren Sophienreuther Flüchtling, und eben der Nosch, die für solche halb abenteuerlichen Züge unter meiner Regie jedes Mal sehr zu haben war. Und die ich deshalb gern mitnahm; die Ellen freute sich wiederum, dass sie nun doch end-, endlich mal mit uns Brüdern losziehen konnte; Ellen war nur nicht ganz damit einverstanden, dass ich etwas zu viel mit der Nosch redete. Mit ihr, Ellen, hätte ich mich noch mehr abgeben sollen. So waren hier die Verhältnisse, jeder war wohlveranlasst; und mehr oder weniger war jeder vergnügt. Sie erwarteten alle, dass »was Spannendes« heut noch kommen würde, ich fühlte mich aber durchaus nicht verpflichtet, ich war schon sicher, dass mir auch diesmal – jedes Mal – 'ne tolle Wendung einfallen würde. Nur ein Mal passte da irgendwas der Nosch nicht. Hatten wir grade eine Richtung eingeschlagen, die ihr von den Eltern neu verboten worden war? War sie in ein Wasserloch getappt und ihr linker Schuh war voll Wasser? Oder wie? Ich habe das vergessen, weiß nur noch, dass ich ihren Schmoll-Grund verstehen konnte, wir wussten alle, warum Nosch jetzt eingeschnappt war.

Wir wollten weiter, raus hier aus der nassen Bach-Aue, die gar nicht weit weg vom Schloss war, raus hier aus dem sumpfigen und mir nicht genau vertrauten Gelände, Nosch sollte uns nicht so aufhalten; sie dagegen kauerte sich nun grade in das hohe Riedgras hin. Wir sah'n sie an, einer sagte, »die Nosch brütet«, und das entsprach genau dem, was wir von ihr sahen, wir lachten nach der Bemerkung schallend auf. Noch Monate später war das nun ein geflügeltes Wort, mit Nosch oder ohne Nosch; »Nosch brütend«. Sie ließ sich auch durch *den* Satz nicht sofort zum Wieder-Hochkommen bestimmen. Sie war die Besitzerin dieser sumpfigen Aue, die Mitbesitzerin, aber sie saß hier in der Patsche; Ellen redete ihr ein bisschen zu.

Und sieben Jahre später; le Maire, ich – die Kleppermühle war nun schon passé –, ein weitrer Gleichaltriger, der bereits über ein väterliches Auto verfügte, … da wurde beredet, dass wir den Abend doch noch irgendwo in Rehau schwofen gehn könnten. Wo aber auf die Schnelle eine Tanzpartnerin herkriegen? Das richtete sich vor allem an mich; ich dachte kurz nach, dachte auch über das Umfeld nach, und die nun fünfzehnjährige Nosch fiel mir ein. Wir fuhren mit dem Auto von Rehau nach Sophienreuth sechs Kilometer. Nosch war mit einverstanden. In kürzester, allerkürzester Zeit war sie auch ausgehfertig; noch Jahrzehnte später habe ich dran gedacht, wenn andere Frauen sich für einen Abend herrichteten, wie schnell das bei Nosch gegangen war. Das hatte mir, hat uns restlos imponiert, es imponiert mir immer noch, aber die Nosch ist schon lang tot, seit dem sechsundzwanzigsten April 1975. Nosch ist die Mutter des bekannten Moritz von Uslar.

Als wir den Schwof in Rehau uns einfallen ließen 1959, habe ich mal ausgiebig mit ihr wieder ›gewaaft‹, geratscht, und da lenkte sie mich auch vom Tanzen mit allerlei ab.

»So doll schön ist es ja nicht, in einem zweihundert Jahre alten Haus zu hocken –«

Sofort widersprach ich, ohne groß nachzudenken.

Nosch: »Hundert Tage von jedem Jahr geht es bei uns darum, dass wir aus dem Haus raus sollten.«

Nun war ich perplex. Seit vier Jahren, so hörte ich, sei das bei ihnen das Thema. Zugleich fiel mir noch auf: sie sagte *Haus* und sagte nicht *Schloss*. Kein Adliger spricht ja von Schloss. Aber sie sagte immerhin auch nicht ›alter Kasten‹.

»Wo wollt ihr denn den Neubau hinsetzen?«

Sie dächten jetzt eher an einen Bungalow. Wohin? Soviel sei schon klar, dass sie den am andern Ende des Waldwiesentals bauen würden, also des Tals mit der Linden-Kastanien-Allee, an deren einem Ende das Schloss war. Der Arnim-Urgroßvater hatte die Allee sich einfallen lassen und anpflanzen lassen. Er hielt es mit nur Fichten auch nicht aus.

Bungalow, und raus aus dem Schloss? Verkehrte Welt! Ich erzählte Nosch was davon, wie schön ich 's immer fände, in ganz langen Gängen zu gehen, vielleicht gar zu rennen – so wie früher als Kind, zum Beispiel auch dann, wenn's draußen regne. Mit langen Gängen sei's ja in einem Bungalow nichts. Ich verschluckte mit knapper Not, ›wie könne man nur so dumm sein‹. Und was ich sagte: ich brauchte Auslauf. Ich fände auch einen Haufen Zimmer toll, zwischen denen man wechseln könne.

»Zum Klosett ist es weit«, bekam ich von Nosch geantwortet.

Wenn die Fünfzehnjährige schon auf so körpernahe Bedenken hinwies, glaubte ich mir auch erlauben zu können, noch mehr auf Kindgemäßes zu verweisen. »Lange Gänge sind toll dazu, in ihnen Kugeln rollern zu lassen. Supergut.«

Sie bedachte sich ein Momentchen und lachte.

Ich sagte, »… und weit zum Klo? Das macht mir nichts aus.«

»Na ja; wenn das aber täglich ist? – Mit Kugelchen spielen? Andre Gleichaltrige kannst du ja damit nicht begeistern. Willst du wirklich so mit Kugelchen rollern?«

»Vor neun Jahren wollte ich das«, sagte ich.

»*Neun Jah*ren, da warst du doch noch kaum auf der Welt. – Naja, ich häng' mich ja auch nicht besonders 'rein, dass wir den Bungalow bau'n. Aber die andern woll'n das liebend-liebend gern, ich quatsch' dir hier nur was aus, was so in unsrer Familie geredet wird.«

»Ich brauch' Raum, zum Nachdenken brauch' ich den. Ich muss beim Denken möglichst herumgehen können«; und mir fiel dabei selber ein: die *Peripatetiker*. Die Herumwandelnden. Eine Philosophenschule, ach Gottchen. Laut sagte ich aber weiter, »herumgehn zu können, das war ja auch das Gute bei eurer Kleppermühle –«

»Die hättst du nur nicht anzünden sollen –«

»Nora!«

»Hui!! Na ja.«

»Ich hab die doch nicht angesteckt. Du tanzst hier nicht mit ein'm Brandstifter. Es war – –«

Sie wusste das ganz anders.

»Na gut«, sagte sie, »ich glaub das mal mehr mit den Kugelchen. Da lern' ich dich jetzt von 'ner neuen Seite kennen.«

»Ach, gewiefte Geschäftsleute«, sagte ich noch halblaut und murmelnd, »haben kleine papierne Windrädchen an ihrem bisschen Balkon befestigt. Also die spielen schon auch.« Ich tanzte mit ihr und sagte ihr dann, wie ich, lang bereits her, ihren Vater mal erlebt hätte. Der sei mit da in einem Zimmer des Schlosses gewesen und bald wieder zu einem zweiten Zimmer geeilt. Es hatte mit einem Buchmanuskript zu tun, das er schrieb, und er habe überhaupt keine Zeit gehabt. Für nichts sonst, er sei da immer hin und her gepest –

»Siehst du, die langen Entfernungen, die nichts taugen –«

»mh–«

»Bin ja platt, wie gut du dir das gemerkt hast, ganz ganz dunkel erinner' ich mich –«

Der Bungalow wurde nie gebaut. An mir hat das weniger gelegen. Einmal, Nosch war dann schon verheiratet und fort, bin ich extra zu dem Wiesental-Ende hingeradelt und habe ich mich vergewissert. Kein Bungalow. Aber die hohe Allee, mit den vielen aufwändigen meterlangen Eisenbändern in den Baumkronen, in den oberen Etagen der Bäume, diese »Kirchallee«, die stand. Die Eisenbänder hinderten jeweils die Bäume, in einer morsch gewordenen Astgabelung zu splittern. Ellen schrieb der Nosch auch von meiner Genugtuung, dass kein Bungalow das Allee-Tal fragwürdig machte, und Ellen zeigte mir kurz Noschs Antwortbrief. Ich sah vor allem, dass Nosch keine schlechte Handschrift hatte, vielmehr eine natürliche, lockere; keine blödsinnig enge Schrift. Nicht eng und nicht selbstkontrolliert. Großzügig raumgreifend, allerdings leicht linksläufig dabei. Gefiel mir.

Nosch war nun längst weg – verheiratet noch nicht –. Entschwunden war sie meinem Gesichtskreis. Leben, heißt sich trennen. Das ist die backside der Erinnerung, ja die Kehrseite schlechthin des Gedächtnisses. Das ist der schmerzhaft-störende Stachel des Sich-Erinnerns.

Vom Schwesterherz hörte Ben irgendwann, och die Nosch sei in der Maximilianstraße, in München, bei van de Loo.

van de Loo war schon Mitte der Sechziger Jahre eine der Galerien in Westdeutschland, die einen Nachmittag lohnten. 'ne Zeitlang lag der Gründer Otto van de Loo auch voll im Schussfeld der knallinken

Avantgardegruppierung ›Situationistische Internationale‹. Und als ich das eine, einzige Mal in die Kunstgalerie hineinspazierte und die Tür aufstieß (mit dem Schuh ich), merkte ich selber sofort alles: Hallo, indem der van de Loo die Nosch hier einstellte als Empfangsdame, entwickelte er eine durchaus neue Situation. Die interessiert eintretenden Betrachter der Bilder mussten jetzt was auseinanderhalten. Hier war'n erst mal nicht die Kunstprodukte jung, sondern die Empfangsperson jung. Hier war nicht unbedingt das und das Gemälde erlesen, sondern die herumführende Empfangsdame hatte den erles'nen Hintergrund. Der großstädtische (wenn auch aus Witten, Ruhr, stammende) Galerist van de Loo hatte einen Sensus dafür, wie sehr diese junge Person seiner Galerie zuträglich war. Und dass er nun den Kunstinteressenten etwas sehr erschweren würde: nämlich zu separieren, zu trennen. Das Erfreutsein objekt-abhängig aufzusplitten. Auseinanderzuklamüsern. Das, wusste er, machte er den Enthusiasten schwer, und das würde denen gar nicht sofort gelingen. Das sollte ihnen auch möglichst schlecht gelingen! Die Positiv-Effekte erstreckten sich mit auf die Galerieobjekte. Die Galerie gibt es unter van de Loos Tochter noch heute. Übrigens nicht alle, die ein *v* vor ihrem Nachnamen haben, sind adlig, von der Grün ist nicht adlig, van de Loo ist in diesen Jahrhunderten nicht adlig.

8. KAPITEL
Kleinasien, Griechenland

1958 wollte ich ganz bis zum Ende von Griechenland. Ich trampte Richtung Hellas, zunächst mit dem Pit zusammen. Wir wollten autostopp in den kommunistischen Balkan hinein und da hindurch. Pit hatte allerdings im jugoslawischen Kroatien, wo es nicht vorangehen wollte, die Nase voll, und ich trampte allein weiter bis Belgrad. Dort verdünnisierte sich der Fahrer, der mich eigentlich bis nach Nordgriechenland mitnehmen wollte. Nachts in einem Gestrüpp mitten in einem zentralen Belgrader Park beobachtete ich, ohne dass ich es wollte, zwei Menschen. Die zwängten sich da nämlich in Gestrüpp hinein. Gar nicht mal sofort begriff ich, was die mitternächtlich in dem Nachbargebüsch wollten. Dann, als die eine weibliche Hälfte das Kleid bis zum Nabel hoch hatte, wusste ich es doch noch. Mit solchen Überraschungen musste man, sagte ich mir, eben rechnen, wenn man durch die Welt fuhr.

Von Autofahrern eingeladen zu werden und in deren Wohnung zu übernachten: Dass dies riskant war, war mir lange nicht bewusst. Meine Ahnungslosigkeit war da auch mein Schutzeffekt. Aber irgendwann kann das mit der Gutgläubigkeit gemein schiefgehen, und erzwungene Homosexualität wäre in dem Fall noch das wenigste. Wie längst zu sehen ist, ich war damals überhaupt noch unwahrscheinlich naiv. Ich war ahnungslos über die Gefahren, die einem drohen konnten. Klar schien mir: wenn die Leute merkten, dass ich ihnen absolut nichts Böses wollte und dass ich sie nicht ausnehmen wollte, würden sie mir selber nur in seltnem Fall Böses zufügen wollen. Und dass bei mir praktisch nichts zu holen war, das sagte ich ihnen immer bald. Freilich war hier bereits ein Denkfehler; zu holen wär' bei mir doch was gewesen. Vielleicht nicht Geld, aber ein Pass. Der war damals genauso viel wert wie 2015. Und um an den 'ranzukommen, setzt einer viel ein.

Von heut her kann ich über meinen sagenhaften Optimismus damals nur staunen.

Nach Griechenland bin ich auch gefahren, weil ich in Volos in das Empfangsgebäude des Bahnhofs Volos hineinrennen wollte. Denn den Bau und den Bahnhof hatte der Vater von Giorgio de Chirico entworfen. Der Vater Evaristo war Chefingenieur der Thessalischen Eisenbahnen gewesen, und das Empfangsgebäude wird seit 1884 betrieben, noch immer.

In Griechenland trampte ich die ganzen Sommerferien herum. Ich sah ursprüngliche Flusslandschaften, wie ich sie noch nicht gekannt hatte. ... Zweiundfünfzig Jahre später erlebte ich über Wochen hin wieder Analoges in Berlin. Da spielte nun meine sechseinhalbjährige Tochter an einem flachen sandigen Hügelchen und baute sie Dämme, und ich pumpte fleißig und schnaufend Wasser aus einem Hydranten. Soweit war erst noch nichts Griechenlandanaloges. Wenn dann ein Damm meiner Tochter brach, suchte sich die an sich kleine Flut wild ihren Weg; unregelmäßig umspülte die Flut Höherliegendes, das Rinnsal mäandrierte gewaltig und alles war genauso wie bei Flüssen in Griechenland, die dort noch in keiner Weise reguliert waren. Ich bin hingerissen gewesen, begeistert, wie einst auf der Peloponnes. »Schau, wie das Wasser das macht!« rief ich meiner Ota zu. Und die Tochter nickte wohlwollend.

Ich kam damals bis zu der Peloponnes und dort zu dem Dorf Kalavryta, Καλάβρυτα. Dann aber nahm mich keiner mehr weiter mit.

Nach wie viel Viertelstunden sagte ein vorbeilaufender älterer Grieche zu mir: Sei ich Deutscher vielleicht?

»Ja.«

Ich sollte machen, dass ich hier wegkäme; und zwar so schnell ich könnte.

»Wieso denn, wieso denn?« fragte ich, sehr schnell in der Tat.

Wenn mir mein Leben lieb sei, sagte er. Dann fing er an, jetzt drocksend und immer wieder zögernd, mir von einem deutschen Wehrmachtsvorkommnis in Kalavryta zu erzählen. Das war folglich noch nicht so ewig her.

»Ich war damals 'n Kind«, sagte ich, »und meine Eltern war'n nie in der Partei.«

»Die österreichischen und die deutschen Soldaten der 117. Jäger-Division sind frühmorgens am, am 13. Dezember 43 mit der Zahnradbahn hierher gefahren, ...«

»Ich will nur nach Olympia. Das kommt doch hier bald?«

»Das kommt noch lang nicht, und vorher willst du ja wohl kein Messer im Rücken haben, h'? Vielleicht von 'ner Frau sogar auf einmal? Noch peinlicher! – Ein Messer geht auch mit dünner Kraft in dich rein.« Damals seien von Partisanen einundachtzig deutsche Soldaten umgebracht worden, und die Deutschen hätten dann vier Stunden lang hier oberhalb von Kalavryta Leute abgeknallt: beinah alle griechischen Männer und auch die Jungen, die in wehrfähigem Alter waren. Das sollen 696 gewesen sein. Wohl noch mehr seien es gewesen. »Hau ab, rat ich dir«, sagte er wortwörtlich.

Ich hab nach dem Hau ab meine Weiterfahrversuche aufgegeben und bin, das einzige Mal in Griechenland, überhaupt fast das einzige Mal bei den Trampereien, in ein Hotel gegangen. Unterstützt wurde die ganze Dramatik durch etwas, das wohl erst mal gar nichts mit unseren Reden zu tun hatte: Hangaufwärts von dem Straßenfleck, auf dem der Mann und ich gestanden haben, waren Dutzende von alten immer gleich aussehenden, identischen Stahlverkleidungen im Gelände. Heute halte ich für möglich, die gehörten jeweils zu Maschinengewehren, und mit Maschinengewehren war die männliche Bevölkerung bis zu den Fünfzehnjährigen oberhalb des Ortes am Hang damals erschossen worden. Aber doch nicht mit so vielen Maschinengewehren? Immer die Unsicherheiten.

Hatten die Griechen das Zeug extra noch nicht weggeräumt seitdem, die Stahlverkleidungen?

In dem Hotel fühlte ich mich unwohl. Ich hatte übrigens, gute Vorsichtsmaßnahme, sofort meine Übernachtung bezahlt, und als ich nach zwei Stunden auf einmal Lärm und männliche Stimmen hörte, Gerumpel, schließlich sogar mal ein Rappeln an meiner Zimmertür, die ich abgeriegelt hatte, dazu die Stimme der Hoteliersfrau, die irgendwie beschwichtigend klang, da packte ich wieder meine Sachen ein. In einem Augenblick, als die Personen offenbar im Wirtsraum verschwunden waren, machte ich meine Tür auf und pirschte ich mich die Treppe 'runter. Ich verschwand auf die Straße und vor allem um die nächste Straßenecke. Ein Zug ging an dem Abend nicht mehr. So lief ich auf dem Gleis weiter bis zur nächsten Station, ich schlief dann dort auf einer Bank, obwohl ich mein Hotel bezahlt hatte, und stieg am nächsten Morgen in die nur meterbreite Schmalspurbahn ein.

Tage später in Thessaloniki, und vor allem am Ende der bayrischen Schulferien, stellte ich mich an die große Fernstraße nach Jugoslawien. »Idomeni, Gevgelija«, murmelte ich mir immerfort vor. Die Namen der beiden Grenzorte. Es war gut, wenn ich die auswendig konnte. Die Ferien hatten aufgehört, ich musste in die Schule. Aber ich fand erst mal keine Autos, die mich durch das schwierige Jugoslawien ganz hindurch hätten nehmen wollen. Da rannte ich trotzig in Saloniki auch immer wieder auf die andere Seite der Fernstraße; hier war das nun Richtung Istanbul. Und, der Teufel hatte seine Hand im Spiel, nach fünfzehn Minuten hielt ein Auto an. Ja, der Mensch wollte mich mitnehmen. Istanbul! Ich stieg ein. Damals sagten wir übrigens nicht Istanbul, sondern immer noch Konstantinopel, nur von Karl May her kannte ich ›Stambul‹. Mit dem Manne, neben dem ich jetzt saß, einem irakischen Offizier, kam ich bald in die herzlichste, auch ehrliche, aufregende Unterhaltung. Der Iraker bot mir an, ich könnte noch viel weiter mit ihm mit, bis Bagdad. Da führe er hin. Er kam aus London, und er wollte jetzt wieder zu seiner Armeeeinheit. Ich sah mich schon in Bagdad. Aber hinter Istanbul und jenseits der Meerenge Bosporus kamen mir doch kleinbürgerliche, schuljungen-gemäße Bedenken. In dem kleinasiatischen Dorf Akçaköy stieg ich dann aus, und ich trampte wieder zurück.

Nicht weit. In Konstantinopel widerstand ich nicht dem Vorschlag eines wohlhabenden Türken und ich ließ mich auf eine Dampferfahrt durch den Bosporus ein. Durch die Meerenge des Bosporus. Meinen unförmig-dicken Rucksack deponierte ich in dem Lokal, in dem ich den Türken kennenlernte. Als ich glücklich und ganz erfüllt zurückkam, erkannte ich allerdings eine kleine Unregelmäßigkeit: Der Rucksack war durchwühlt worden. Und mein Geld fand ich nicht mehr. Warum hatte ich es nicht bei mir behalten? Damals …, da sah mir das ähnlich.

Mein Geld war ich los. Aber in dem Moment zeigte sich, dass ich mich in einem andern Land und nicht in Westdeutschland bewegte. Der Abschnitts-Bürgermeister des Stadtteils, des weithin bekannten, freilich armseligen Stadtteils Küçük Pazar, »Kleinen Basars«, residierte in diesem Lokal. Der hatte hier einen Tisch, und das war sein Büro. Der hemdsärmelige Mensch nahm sich meiner an. Damals war dieser Stadtteil noch mit mehrstöckigen reinen Holzhäusern, mit verwohnten, überalterten Häusern bestanden; heute ist das alles überbaut. Küçük Pazar war damals bekannt nicht wegen toller Bauten, sondern wegen des urtümlichen Lebens, das sich seit hundertfünfzig Jahren schon genauso abspielte.

Der Abschnitts-Bürgermeister regte eine freiwillige Geldsammlung unter den in dem zweistöckigen Lokal grade Vorhandenen – und noch weiteren Personen? – an, und von dem Geld, das zusammenkam, ließ er eine Fahrkarte bis Saloniki für mich kaufen. Außerdem wurde ich mit Mengen von Hülsenfrüchten, Linsen, Bohnen, Erbsen, eingedeckt, die sollte ich auf dem Markt im griechischen Saloniki verkaufen, dort brächte das massenhaft Geld. Davon könnte ich dann weiter nach Hof fahren. Die wildfremden Türken, großstädtische Türken, kümmerten sich in rührender Weise um mich, und der Dieb meines Geldes wurde auch noch herausgefunden.

Komisches Gefühl für mich, als ich ihm gegenüberstand. Er hatte mich ja schon übel gezaust. Das Geld hatte er fünf Minuten, bevor er dann doch entlarvt und festgesetzt wurde, in das Toilettenloch des Lokals hinuntergestopft, die Scheine sah keiner mehr. Der Dieb war ein Angestellter des Lokals gewesen.

In die Schule würde ich nun sowieso verflucht zu spät kommen. Zur Schule musste ich aber, ich wollte ja Abitur machen. Blöd und für meine Sache ungünstig war dann nur noch, dass in den ersten Schultagen der Gymnasialdirektor Dr. Dr. Andreae von dem Kadura im Direktorat mit dem Hirschfänger angegangen wurde. Das strahlte irgendwie aus auf meinen Fall des Schulanfang-Verpassens. ... Man kann nur staunen darüber, was alles zusammenhängt. Und wenn ich mich jetzt, selten genug natürlich, einmal am Schulvormittag krankschreiben ließ im Direktorat, hat der Andreae hinter die Begründung, etwa ›Knie verstaucht‹, noch dazu in griechisch geschrieben, προφασιν μεν, also »angeblich«. Schickte er eine Kopie davon nach München? Hätten die das im Kultusministerium übersetzen können? Ich überwand mich und fragte den Andreae das. Und handelte mir eine weitere giftige Bemerkung ein.

Das Abitur lief ja im Moment noch nicht ab. Der Andreae sagte mir, er werde jedenfalls prüfen lassen, ob ich bei der ganzen Schulschwänzerei noch das Abitur machen dürfe.

Ich gab auch selber Nachhilfeunterricht. Zwei Jahre lang einer wenig begeisterten, ja faulen Zahnarzttochter, Heike Koops, die für mich bequem in Schönwald wohnte. Englisch und Physik gab ich. Spaß hat mir das nicht gemacht, und der Heike noch weniger. Sie war vier Jahre jünger als ich und hatte andres im Kopf als Englisch. Sie war auch verwöhnt.

Von den Nachhilfehonoraren kaufte ich mir sündhaft teure Kunstbücher, sinnlos; unter anderem einen Giotto-Band und einen Bildband pompejanischer Wandmalereien. Typisch für Jungens, die mal zuvor nichts verdient haben.

Irgendwann in der späten Gymnasialzeit wurde ich am Ende einer zweiten Schulpause von einer Mitschülerin angeredet, oder geradezu beiseite genommen. Ich werkelte vor dem Bücherschrank der Klassenleihbibliothek, die ich verwaltete. Die Mitschülerin rückte damit heraus, könnte ich ihr nicht Nachhilfestunden, Latein, geben? Ich stockte im ersten Moment und wunderte mich etwas. Ich fand, die war doch gar nicht so viel schlechter als ich.

Sie bestand darauf. Sie habe das nötig. Die Bezahlung würde durchschnittlich gut sein.

Ich willigte also ein. »Wo?«

In der elterlichen Wohnung der Schülerin. Das bedeutete, dass ich immer erst einen Zug später nach Hause fahren konnte. Hanebüchener Aufwand denn doch. Drei Stunden später, damals.

Sie schärfte mir etwas anderes vor allem ein. »Keinem davon sagen!«, keinem Mitschüler, »Ben, du weißt ja, wie sie sind.« So genau wörtlich. Damit erreichte sie mich.

Vor fünfundsechzig Jahren. »Ja«, sagte ich, »ja.« Wie sie sind, dies zu wissen, bildete ich mir auch ein.

›Keinem‹: Stand dahinter, dass sie eben doch eigentlich keine Stunden nötig hatte? Dass die andern das so empfinden würden? Oh, wusste der Teufel.

Ich sagte noch einmal zu; und so gesteuert und

vergattert, plauderte ich mit ihr in den Pausen so wenig wie bisher. Nach einer Woche die erste Sitzung. Da lernte ich zunächst auch ihre Mutter kennen. Ursel Eisch redete mit ihrer Mutter kaum eine Silbe. Die Mutter wirkte freundlich und offen. Und der Stiefvater war noch auf Arbeit. Die Mutter, die merkwürdig schlank oder dünn war, verließ bald die Wohnung. Ich fing an; erklärte lateinische Satzkonstruktionen. Besonders hörte mir die Ursel Eisch nicht zu. Sehr gut ging sie nicht mit. Und in ihren Nachfragen kam sie häufiger und häufiger auf Geschichten, die mit Latein überhaupt nichts zu tun hatten. Ich antwortete kurz und kehrte zum Lateinischen zurück. Die Ursel fragte wieder etwas außerhalb Liegendes. Mir war das so gar nicht recht.

»Machen wir mal noch erst mit diesem lateinischen Satz weiter.«

»Hm, ja.«

»›Wo ist das Verbum des übergeordneten Satzes?‹ Und da gucken wir: Ist das Verbum im Singular oder im Plural?«

»Hm –.«

»Wo steckt denn jetzt das Verbum?«

Ich fühlte mich in einer rechten Zwickmühle. Denn ich hätte ihr auf ihre Privatfragen unendlich lang antworten wollen, aber ich konnte mir doch nicht meine privaten Plaudereien bezahlen lassen. Wir hatten doch hier eine Nachhilfestunde. Ich konnte doch nicht hier herumreden und dafür Geld einstreichen. Was ich falsch machte: diese Skrupel sagte ich ihr nicht.

Wozu!, das war ja auch alles überdeutlich. Die Ursel Eisch fing aber nur erneut mit persönlichem Kram an. Ich erklärte der Ursel dann zumindest so viel: Darüber könnten wir nach der Stunde reden. Sie folgte mir bei den lateinischen Übersetzungen, und nach nicht sehr Langem rückte sie auf dem etwas versessenen Sofa, auf dem wir nebeneinander saßen und in die Cäsarlektüre schauten, noch eine winzige Idee näher an mich heran. Aber das war doch sinnlos! Ich konnt' doch nicht für Liebessachen dann ein Salär einsacken.

Der Haken war nämlich, diese Ursel gefiel mir seit einem Jahr sehr gut. Ich war heimlich in sie verschossen. Chancen hatte ich bei ihr nicht erkannt. Jetzt von ihr wegzurücken, wo sie sich noch diese Winzigkeit näher an mich 'ran setzte?

Dass ich irgendeine minimal ausweichende Bewegung während ihres Sich-anders-Hinsetzens ausführte – unbewusst ich –, dass ich einen Augenblick bei ihrem Sich-neu-Setzen erstarrte: Spannen die Frau'n so was? Wir bekamen die Nachhilfestunde einigermaßen durchgezogen. Jetzt anschließend hatte Ursel Eisch irgendwie weiter keine Zeit. Das irritierte mich gänzlich. Kam ihr Stiefvater nun nach Hause? Nach vierzehn Tagen würde die nächste Sitzung sein. Auf dem Rückweg Eppendorfer Straße und hernach war ich hin und her gezogen von Szenarios. Ich war nicht sicher, vor allem nicht nach dem kurzen ›Keine-Zeit-Haben‹ am Schluss, dass die Ursel Eisch auf Liebe aus war; sie schien mir nur lernunwillig. Ich war auf Liebe aus. Aber doch nicht in der Art, dass ich mir das auch noch mit Bargeld vergüten ließe. Es war verfahren und nochmals verfahren. In der nächsten Sitzung nach zwei Wochen entwickelte sich alles ähnlich. Lateinische Übersetzungen? Ich sagte zwar jetzt einmal was, wir könnten doch nicht in der bezahlten Zeit einfach nur ... schön quatschen, sie reagierte aber nicht richtig darauf. Und sie kürzte die Stunde dann später ziemlich ab. Nach dieser zweiten Sitzung gab es keine weitere Stunde mehr. Erst zwanzig Jahre näher an heute 'ran schenkte mir eine Bekannte, der ich das alles genau berichtete, reinen Wein ein.

»Die wollte mit dir Sex.«

Ich bezweifelte das nach zwanzig Jahren noch immer.

»Nein, bei dem missgestimmten Stiefvater: ... Dass die anders nicht gewusst hat, wie an dich ranzukommen, darauf warst du wohl nicht verfallen? Dass du das nicht begreifst! Noch nicht mal jetzt«, ich bekam von der Bekannten zweimal einen Vogel gezeigt.

In dieser Schulzeit bin ich eine gewisse Zeit lang auch das gewesen, was die Jüngeren später mit dem Wörtchen Trendsetter bezeichnet haben. Aber, Trendsetting, in was? Da hatte ich jene edelgrauen sehr festen Tuchhosen getragen und zwar nicht als Überfallhosen, sondern als enge Knickerbocker. Dazu nun Söckchen. Das machten mir bald andere Hofer Gymnasialschüler nach; Knickerbockers mit Söckchen. Die mich darin nachahmten, waren immer Schüler der nachfolgenden Klassen, nie welche aus meiner Klasse. Die hätten den Teufel getan.

Knickerbocker mit den Söckchen, waren meine ureigene Idee. Etwas weiter zurück hatte ich aber einen Schneider im kleinen Schönwald, der mir eine Reihe von Anzügen schneiderte. Bezahlt hat mir das immer unsre Großmutter. Es fing an mit dem Konfirmationsanzug – aus dem ich schnell 'rauswuchs. Und ziemlich jedes Jahr hat der Mann mir was geschneidert. Dieser Schneider Walther verstand es mit mir. Das Maßnehmen war allein schon eine Sache. Mit dem Maßband, das er sich dazu über die Schulter warf, denn er hatte ja keine drei Hände. Zwischendurch verarztete er noch weitere Kunden, erwachsene, in seinem Werkstattraum im ersten Stock. Mit mir ging das danach wieder weiter. Das Aussuchen der Stoffe, die er erläuterte und mit mir kommentierte. Einige Tage später die Stecknadeln, ein ganzes System, beim Anprobieren. Die Schneiderkreide. Samt seinen Kommentaren.

»Also damit bist du ein wahrer Herkules«, mehrfach er.

Er wusste da genauer als ich, wie ein Herkules aussah. Wo hatte er nur die Herkuleskenntnisse her. Die Welt hier beim Herrn Walther hob sich von meiner Schul-Welt wieder einmal sehr ab. Aber ich begriff, und noch wichtiger, ich begreif', für Herrn Walther hatte Herkules sogar beruflich etwas zu sagen; da war nichts Verspieltes. Für den war das nichts Verblasenes. Für ihn war das fast so wie für die früheren Griechen, die ja auch nicht den Herkules gesehen haben. Gut, dass ich so einen Schneider hatte. Herr

Walther war ein premier Schneider, und das in dem popligen Schönwald, – ein Phänomen. Soviel kapierte ich schon, dass er überhaupt klasse war. Ganz Schönwald war mit dem eine Etage höher einzustufen, wurd' mir klar. Ich habe mich bei ihm immer wohl gefühlt; mit einer ganz leichten Beschämung dann, wenn er mich mit seinen Bemerkungen *zu* hoch ansiedelte. Die leichte Beschämung gehörte für mich dazu. Und wo ist der Mann jetzt nur hin? Denn in der Hölle ist er nicht.

Aber »Herkules«, so bin ich noch einmal genannt worden. Bisher ist mir das zweimal gesagt worden, das zweite Mal 2007. Ich spielte mit meiner knapp vierjährigen Tochter; wir hatten grade die meisten Stühle in der Wohnung meiner Exfreundin umgestellt, die äußere Wohnungstür ging nun quietschend auf. Ota zu mir: »Die Mama soll noch nicht kommen; du bist Herkules.«

Über Otas Kenntnis war ich platt, über ihre Bemerkung. Von mir hatte sie den Namen nicht gehört. Sie beharrte darauf, »ja, du bist Herkules.«

Später bekam ich anderweitig heraus, sie hatte das von ihrer Mutter. Die hatte zu Ota geäußert, »ich bin doch nicht Herkules«.

Die Spuren der griechischen Antike verlaufen heute so was von verschieden. … Erst heute, oder schon seit zweitausend Jahren?

9. KAPITEL
Eine Mörderin

Etwa neun Monate vor dem Abi – eher aber nicht – wusste ich: Autor, das wollt ich werden.

Dass man mit Gedichten praktisch alles kann, nur kein Geld verdienen, bedachte ich nicht. Als es mir vor allem im Dezember 1958 ein Mal gesagt wurde (der le Maire hatte es auf einem Wochenendtramp von einem gutinformierten Coburger Neuwandervogel, dem Harald Wägner, erfragt), glaubte ich es auch nicht. Und es war mir egal. Ich war ja auch bisher mit minimal Geld wunderbar klargekommen.

Schriftsteller? Dichter? Ich sah da weiter keinen Unterschied. So töricht war ich.

In der Klasse, vor den Mitschülern, hatte ich meine Dichterei all die Jahre ziemlich unerwähnt gelassen; außer vor dem le Maire. Einmal habe ich in einer Pause ein kurzes berühmtes Gedicht von Eugen Gomringer an unsere Schul-Wandtafel riesengroß gemalt (»Schweigen«); nahezu kommentarlos, auch gar nicht vorausgeplant von mir. So gehe eben ein modernes Gedicht, sagte ich zu ein paar Umstehenden leicht wegwerfend. Diese Geschichte setzte sich doch noch weiter fort, denn gleichzeitig kam nun auch der nächste Studienrat hinein in die Klasse. Der las den Text. »Was soll das?«

Ich erklärte kurz ein bisschen. Er aber quasi außerschulisch antwortend: »Wer liest denn heute schon Gedichte? Wen interessiert das denn!«

Die aus der Klasse daraufhin: »Wir alle. … Doch! … Uns«, ein einziger riesiger Aufschrei. Das bestätigte mir nun im Nachhinein unaufgefordert der le Maire. Ich hatte das völlig vergessen.

Zu Gomringer bin ich damals extra auch bereits hingetrampt; ich habe ihn besucht, an der berühmten und zuletzt ja berüchtigten *Hochschule für Gestaltung* Ulm. Ich schrieb aber doch nur kurze Zeit so wie Gomringer. Ich bevorzugte dennoch oft Endreim, und mir kam es auch auf Rhythmus sehr an. Schmiegsame und wieder überraschende Rhythmik. Meine Inhalte waren jetzt nicht mehr wie Eichendorff, sondern ergaben sich vor allem aus der Rhythmik, und die Inhalte wurden unbeabsichtigt surreal.

Als unsere Klasse ihre Tanzstunde hatte – mit zwei Jahr' jüngeren Mädels des sogenannten Lyzeums, des »Besenstalls«, wie das in Hof heißt –, da war ich dummerweise kein besonders guter Tanzschüler. Leider nein. Warum übrigens wurde den Mädels zwei Jahre eher die Tanzstunde erlaubt als den Jungs, fragte ich laut. Und das fragte ich mich selber. Die Mitschülerinnen zum Beispiel in unsrer Gymnasialklasse kamen mir absolut nicht eher »reif« vor. In manchen Vierteljahren erschienen sie mir sogar kindischer; die Mitschülerinnen kannte man ja doch recht gut. … Was ich da nicht bedachte: Es kommt bei einer Tanzstunde nicht auf Reife an, sondern bestenfalls auf bloße Geschlechtsreife. Etwas andres.

Aber egal, Tanzen war damals nicht mein Fall. Und einmal hatte unser Tanzlehrer, der in Hof weltbewegend gewesne Herr Fabian, wieder verschiedenste Paartanz-Platten auf dem Plattenspieler aufgelegt. Wir sollten danach tanzen, – Mambo, English Waltz, Samba, Cha-Cha-Cha; ein Wettbewerb voll nach Fabians Geschmack. Fabian war diesmal unzufrieden. Ich wurde dann mit meiner Partnerin von ihm nach vorne geholt. Nur ich und meine Partnerin wurden gelobt. Ich sei der einzige gewesen, der den letzten Tanz richtig erfasst hätte, nämlich eine Rumba. Ich staunte selber. Das hatte ich nicht von mir gedacht. Immerhin, mir kam damals und kommt es vor allem heute nach fünfundsechzig Jahren immer unbegreiflich vor, wie Dichter bei ihren Gedichten unversehens in einen völlig verqueren Rhythmus verfallen. Dass die das nicht merken! Haben diese Dichter und Dichterinnen denn gar kein Gespür für so was? … Nein. Wie einstens schon nicht bei der Rumba meine paar Altersgenossen. (Weil ich nur zu gut wusste, dass ich insgesamt kein brillanter Tänzer war, wehrte ich blödsinnigerweise in der damaligen Tanzstunde nur ab.)

Die Hofer Mitschüler haben für mich bisher mein ganzes Leben eine dicke Rolle gespielt. Sie wissen das gar nicht.

Und wie *ich* den Hofern von den letzten Schuljahren her in Erinnerung bin: da kann ich objektiv zwei Sachen beitragen. Jahrzehnte später wurden die mir dann offengelegt. Mein Erscheinungsbild: … Vor allem für die Zwillingsbrüder Tetzner war ich immer der, der als Schüler nur in weißen Oberhemden herumlief.

Für andere war ich jener, der den Kopf immer ein wenig schief hielt.

Von beidem hatte ich nicht das geringste geahnt. Auf die unkorrekte Kopfhaltung wurde ich erstmalig bei der Bundeswehrmusterung hingewiesen, im Kreiswehrersatzamt. Note drei, ich.

Die Mitschüler bedeuteten mir viel, aber ich hatte auch meine Extratouren. In irgendwelchen knappen Ferien trampte ich mal nach Freiburg, hektisch eilig. Dort wohnte der Dr. Robert Kiefer, den besuchte ich. Er war Schüler meines Großvaters in Breslau gewesen. Kiefer hatte im Gefolge von Hans Vaihinger 1932 ein philosophisch-theologisches Werk über die Religion des Als-Ob veröffentlicht. Und mein Tramp zu Kiefer – das hat mich jetzt erneut eingeholt. Der Grund? Schon wieder meine lütte Tochter. Das Schreiben, das Aufschreiben, macht es ja möglich, dass man weit auseinanderliegende Sachen unter Umständen zusammensieht. Dass man sie kurzschließen kann. Das heißt, man bezieht sie endlich einmal direkt aufeinander. Noch viel zu wenig haben die Leute auf diese Möglichkeit zurückgegriffen. Das soll hier bei mir nicht so sein; man hat es ja schon gemerkt.

Meine kleine Tochter also; die Göre hat, nicht allzu lang nachdem sie richtig sprechen konnte, einmal einen Satz gebracht, noch vor ihrer Einschulung. »Der sieht ja aus, als ob das so ein Hausgeist ist.«

Als ob. Womit sie den Quasi-Hausgeist ziemlich beleidigte. Solche echt diffizilen, Wackliges meinenden Realitätsbezüge sind von ihr noch mehr gekommen, schon bevor sie eingeschult wurde. — Ein Puzzle wird zurückgestellt; das wird jetzt nicht gespielt. Töchterchen da wörtlich: »Aber wenn. Nur für den Fall!«

Oder, zu den Strahlen der Bewässerungsanlage auf der großstädtischen Kinderspielwiese: »… das ist ja so, als wär das Dampf.« – Oder, eine CD läuft, wir hören dem Satz nach: *Voltaire sagt, wenn es Gott nicht gäbe, müsste man ihn erfinden*, und den Satz pickt sich die Tochter heraus, sie sagt: »Gott ist doch der, der alles erfindet? Dass man den erfindet, hätt ich ja nicht gedacht.«

Die Fünfjährige hatte auch eine extra grammatische Form für Vorgänge, die sie in ihrem Spiel durchsetzen wollte. Die sie ausgedacht ankurbeln wollte. »Und hier gehz ma' der Esel.«, »du machz ma' das Heu auf einen Haufen«, »der schwimmz mal durch das ganze Meer«. Sie brachte da das Verbum in einen besonderen Modus, nicht Konjunktiv, nicht Indikativ, am Ähnlichsten noch was wie Optativ. Die entwickelte da einen Modus der Vorstellung.

Ich war, zweiundfünfzig Jahre vorher, von Robert Kiefer, dem damals Zweiundachtzigjährigen, sehr rührend in dessen Freiburger Wohnung empfangen worden. Kiefer stammte also aus dem Dunstkreis des berühmten Neukantianers Hans Vaihinger und hing Vaihingers philosophischem Fiktionalismus an. Den er erweiterte. »Fiktionen«? Bewusste Selbsttäuschungen; sie lassen sich sogar im philosophischen Denken allenthalben nachweisen. Mir war das alles 1958 noch neu. Ich verbrachte bei Robert Kiefer drei äußerst angeregte Stunden, und ich fragte den Philosophen Löcher in den Bauch. Kiefers Buch *Die beiden Formen der Religion des Als-Ob*, das Kiefer meinem Großvater dediziert hatte, habe ich mir mehrere Male vorgenommen ebenso wie Vaihingers Hauptwerk *Die Philosophie des Als-Ob*; mit nur wenigen Werken habe ich mich so sehr abgegeben; ... na gut, mit dem sechsbändigen Duden noch öfter. Unser Großvater war mit Fünfundneunzig schon zu alt und klapprig, als dass ich mit ihm über eine Philosophie des Als-Ob hätt' reden können. Heut noch bin ich froh, dass ich mir diesen Freiburg-Tramp abgerungen habe.

Noschs Mutter, die Ruthmaria, kreuzte alle zwei Tage bei Kießling auf. Eher noch öfter. Von heute aus geurteilt: Kießling war für Borchs so was wie die Schnittstelle zur Stadt Schönwald. Kießling waren das bestgehende Lebensmittelgeschäft in Schönwald, und vor allem gab es hier die äußerst kesse und flott redende Mitinhaberin Frau Anneliese Besser-Bildstein, die in ihren kaltschnäuzigen Bemerkungen und dreisten Dialogen nur noch von einem Wesen überboten wurde, einer Frau ebenfalls: Noschs Mutter. Wie die Frau Bildstein mit den Vertretern im Geschäft umsprang, das hat mir auch unsre Mutter oft und oft nach dem Einkauf erzählt. Die Vertreter behandle die Frau Bilds… wie die letzten Betteljungen. Alle. Die verstehe sie herumzuextern, zu piesacken. Die Bäckerstochter Bildstein. Verflucht gut aussehend nach wie vor, ob der Krieg nun verloren war oder nicht.

Meine Mutter, sogar mein Vater, wenn er mal bei Kießling Margarine und Dr.-Oetker-Backin einkaufte, berichteten außerdem von den losen, notfalls durchaus quer durch den Kießlingladen hochdeutsch laut geführten Reden der Ruthmaria von der Borch, der aber auch nichts heilig war und die sich einfach über alles lustig machte. Die Besser-Bildstein im Verein mit Frau von der Borch gaben ein besondres Gespann ab, und meine lediglich mehr gebildeten, sonst aber bieder-unterlegenen Eltern kamen, mal meine Mutter, mal mein Vater, sprachlos von den in der Margarinequelle Kießling mitangehörten Frechheiten oder Einfällen oder Unglaublichkeiten oft zurück. Unsre Eltern waren so fassungslos, dass sie sogar uns Kindern manche Anzüglichkeiten und Zusammenhänge nicht vorenthielten, denn die Eltern mussten das loswerden.

Dabei wussten unsre Eltern noch gar nicht alles: Die Frau Anneliese Besser-Bildstein, die mit Frau von der Borch so gut konnte, war die Tochter einer der übelsten Mitmörderinnen beim Arnim-Mord. Die Mutter der Anneliese hatte bei dem Transport des Kammerherrn zum Selber Krankenhaus ganz besonders zugetreten, die war eine entscheidende Mordbeteiligte; die hatte besonders noch auf der Gurgel des flachliegenden von Arnims herumgetrampelt; und als auf der Sophienreuther Nosch-Beerdigung fünfundfünfzig Jahre danach Anneliese die Ruthmaria kondolierend umarmte und die sich mit der Ruthmaria behabte, waren darüber so manche Trauergäste, die

Bescheid wussten, empört. Die Gäste zeigten das auch. Die behielten das nicht für sich und hatten nicht die leiseste Lust, das zu vergessen.

Verdammt querlaufend ist es für mich, dass ich den ganzen Bildstein-Background meiner Mutter nicht mehr sagen kann. Meine Mutter wusste da nichts.

Die Frau Besser-Bildstein – rein theoretisch hätte die ja von ihrer dynamischen, selbstherrlichen Mutter an die Wand gedrückt worden sein können. Aber so war das hier eben grade nicht.

Frau Besser-Bildsteins Väterchen, ... ach; den habe ich auch noch erlebt, ganz zu Anfang. Den Ehemann also der üblen Mitmörderin, den Herrn Kießling, den Bäckermeister. Ich sah den gelegentlich, ein weicher modelliertes Mannsbild, einen nicht unbedingt ausgehungerten, sondern etwas fülliger-wabbligeren Vertreter des Geschlechts, Adam Kießling. Er lächelte schon mal gern. Der hatte zumindest seiner Tochter zeitlebens Leine gelassen. Und seine Frau wird er unter keinen Umständen einmal angeblafft haben, geschweige denn angeherrscht haben. ... kann ich mir nicht vorstellen. Ein Mann, für den sich halt immer alles glücklich gefügt hatte, denn die Ausgangssituation hatte gestimmt – beste Lage im Ort, gutes Brot, kleiner Hotelbetrieb noch daneben dann in den zwei angrenzenden Häusern, die ihm auch gehörten –. *Adam.* Zu dessen Jugendzeit wurden christliche Kinder noch ›Adam‹ getauft; auch christliche. Die zweite Hälfte des neunzehnten Jahrhunderts war die Zeit, in der am wenigsten Antisemitismus in Mitteleuropa zu merken war. Es war ’ne Zeit, in der einzelne Juden schon mal in den niederen Adel aufstiegen in Deutschland.

Die Anneliese wurde von ihrer mordbereiten Mutter nicht kaputt gemacht; im Gegenteil, Anneliese wurde ihrerseits eine wild ungezähmte Frau. Die setzte sich durch. Und das ist auch auf dem – im Internet jedermann zugänglichen – Frankenpostzeitungsfoto von ihrem Neunzigsten ohneweiters zu erkennen, ihrem neunzigsten Geburtstag.

Hin und wieder gingen unsre Eltern abends, nachdem sie uns Kinder ins Bett gebracht hatten, hinüber zu Schwester und Schwager. Die hausten als Flüchtlinge im selben Gebäudetrakt, in dem Obergeschoss über der Werksküche der Porzellanfabrik – im Esssaal der Werksküche wurden jeden Werktag Hunderte von Fabrikarbeitern, Fabrikarbeiterinnen mit Essen vollgemacht –, neben uns in zwei Räumen wohnte die Familie meiner Tante Gitta. In Gittas Wohnung unterhielten sich die vier Erwachsenen. Das heißt, wir Kinder wussten jetzt, dass die Eltern mindestens anderthalb Stunden nicht bei uns hier waren. Irgendwann, längst nicht bei dem ersten Plausch, sah meine Mutter es als geboten an, mal nebenan uns fünf Kinder zu kontrollieren. Der Schwager Ernst schlug sofort vor, er könne das übernehmen; meine Eltern willigten ein. Und wieso willigten sie ein? Oder wie dringlich mag der Schwager das vorgebracht haben? Mindestens zum Teil müssen meine Eltern naiv-desinformiert gewesen sein – über den Zuschnitt des Schwippschwagers. Dr. Ernst Bauer war drei Jahre zuvor aus dem zweiten Weltkrieg als Oberst herausgegangen. Er hatte im Krieg, vor Leningrad – jahrelang vor Leningrad –, auch nicht die kleinste Schramme abbekommen. Kommandieren war sein Lebenselixier. Seinen eigenen Sohn, nun neunzehn Jahre alt, hatte er bereits zuschanden kommandiert. Der Sohn war seelisch erledigt. Das hat unsre Mutter später mehrere Male vor uns zugegeben.

Wir Gölerkinder nutzten das Alleinsein aus. Wir machten in dem winzigen Kinderschlafzimmer ein irrsinniges Remmidemmi, und ich fand das göttlich. Der Onkel betrat unsre nicht abgeschlossene Wohnung, und ich, neun Jahre alt, hetschte gerade auf der Schlafzimmertür hin und her, zur Gaudi der Geschwister. Ich hängte mich im Nachthemd vorn an die obere Kante der Tür, stieß mich von der Wand her ein wenig ab und kurvte mit der Tür bis zu deren weitester Öffnung. Das war an dem Doppelstockbett. Die Fliegerei beanspruchte gewiss gewaltig die zwei Türscharniere. Damit's noch bequemer war, stellte ich die bloßen Füße beidseitig auf die zwei Türklinken. Da wurden nun auch noch die Klinken durch das Gewicht eines Lausbubenkörpers belastet. Die waren für solche Gewichte nicht gedacht und bogen sich etwas durch.

Verbogene Klinken schon. Aber egal; kein Mensch wusste ja, woher. Denn wir Geschwister waren nicht so blöd und sagten Derartiges den Erwachsenen. Die Geschwister kreischten jetzt und johlten fröhlich und quasselten und redeten; von außen hatte Ernst Bauer das nicht hören können, denn hinter der Wohnungstür waren erst noch ein kleiner Vorraum und dann ein winziges Zimmer, beides schluckte Schall. Ernst geriet akustisch von jetzt auf gleich in eine Wirrwarrumgebung und in ein Kinderchaos. Freilich hätten sich Kissen und Kinder auch in zwei Minuten wieder in die gewohnte Ordnung bringen lassen. Da hin stand aber nicht der Sinn dieses Militärs. Ernst sah mich und überblickte die Lage; schnell, wie erfolgreiche Obersten sind. »Meschugge ihr geworden? Soll ich dich mit der Hundepeitsche zur Räson bringen –?«

Er hatte gar keinen Hund; da wir Nachbarn auf der gleichen Etage waren, wusste ich das genau. Außerdem fand ich, er redete sinnlos laut. Er brüllte in übelster Art. »Hundepeitsche« zudem, das Wort hatte ich bis dahin keinmal auch nur gehört. Eine Peitsche für Hunde? Und die wollte er holen und uns damit peitschen! Es wirkte aber auf mich doch. Die dominierende, herrische Manier, vor Zehntausenden Soldaten erprobt, bewährte sich auch bei fünf kleinen Kindern. Vor allem zog er sich auch blitzschnell den Gürtel aus der Hose heraus und knallte er mir den über, was beißend weh tat. »Runter da!«, brüllte mein Onkel, »willst du alles zu Klump brechen.«

»Ich bin doch schon unten.«

»Du hältst den Rand!«

Es war mir klar, bei meinem Cousin erlebte er das alles nicht. Bei seiner Tochter schon gar nicht. Auch nicht, sich so ein bisschen zu verteidigen.

Hatte er uns überhaupt etwas zu sagen? Leider

pflegten meine Eltern 1947, als Flüchtlinge eben, nicht grade viel Umgang. Wurden meine Eltern von diesem Obersten untergebuttert? Von diesem Hass-Kerl Ernst Bauer? Der meiner Mutter einst, ihr erst, nicht der Gitta, mehrere Heiratsanträge gemacht hatte?

… Aus der so lang zurückliegenden Schulzeit habe ich noch ein kleines Zitat von meinen zwei Schwestern. Ein Zitatfragment. Von Ellen oder von Puppel? Es ist etwas Singbares; das trällerten die so über ein Jahr hin immer wieder einmal; in der Wohnung, vor uns Brüdern. Draußen auch.

»Das Tria Tria Humpel! Das Triahumpelbein. … … verfluchtes Triahumpel, verfluchtes Humpelbein. Hast dieses …« Wörtlich so. Mit einer irrsinnigen Melodie! Mehrere kurze Strophen, übergehend in den Refrain.

Erfunden haben die beiden das nicht. Sie sangen das, obwohl wir Brüder nie da mit einstimmten. Das war etwas für die Mädels. Vielleicht auch in seiner Skurrilität nur für die. Dies Liedchen trug für die Schwestern mit dazu bei, … autark zu werden. Und für mich trägt's mindestens im Nachhinein genau umgekehrt zur geschwisterlichen Einheit bei; zur Familieneinheit.

Wenn ich als Dreizehnjähriger für Stunden wegging und einmal nicht in den Wald lief, sondern in der andern Richtung an den Wiesen und Feldern vorbei zu dem sehr entfernten frei-uneingezäunten Nutzgarten unsres Vaters, habe ich auf diesen Gängen manchmal zeitig früh oder abends Rufe gehört; Rufe, mit denen sich Frauen über große Entfernung hin auf den Feldern für jemanden andres bemerkbar machen. Es gab da einen unglaublich gedehnten Zuruf. Zugleich das längste gedehnte Wort, das ich je gehört hab. Ein Wort *muss* ja das längste sein.

»Huuu-u«.

Ich kannte den Ruf schon von zurückliegenden Jahren her. Die Ruferinnen bekam ich nur selten zu Gesicht. Sie waren auch weit von mir weg. Bauersfrauen, Mägde vor allem, Weiblichkeiten.

Niemals war das ein gemeinsamer Ruf von mehreren; immer kam so ein Rufen von einer einzelnen Person jeweils. Ein Zuruf, um sehr weit entfernte Personen dann an was zu erinnern. Um sich mit denen zu verständigen.

Später habe ich die Rufe nie mehr gehört ... bis ich unerwartet nach Jahrzehnten in einem Film, einem von Andrej Tarkowskijs Filmen, wahrscheinlich in *Stalker*, den Ruf genauso von irgendjemand Weiblichem vernahm, jedenfalls in Tarkowskijs deutscher Synchronisation. Die Rufende unsichtbar, auf einer weithin offenen Landschafts- oder Wiesenfläche oder Felderfläche. »Huuu-u«.

Also auch der russische Regisseur war von den Rufen angetan gewesen. Der gedehnte Anfang des Rufs ist in viel höherer Tonlage, die ganz kurze Schlusssilbe ist tiefer. Das klang für mich schon als Kind ungewöhnlich, ich war ja einstens extra drauf aufmerksam geworden. Jetzt bei Tarkowskij – nachdem ich den Ruf in den langen Zwischenzeiten nicht mehr gehört hatt' – klang das für mich traumhaft hinreißend. Klar, auch sehnsüchtig machend. Diese mir so schön klingenden Rufe! In meinem Kinositz kam ich mir wie festgenagelt vor, ich wollt' weg. Der Ruf erlaubte es eben nicht, passiv bloß weiter dazusitzen und nicht zu reagieren.

Nur Frauen riefen in der Art, bloß sie ließen sich solche Rufe einfallen, nie ein Mann, das wurde und wird mir außerdem klar. Männliche Homosexuelle, Transgenders, nichts dergleichen; Fehlanzeige.

Ohne die zweite kurze Endsilbe bräche der Ruf zudem ab; er wäre da etwas disharmonisch Abgeriss'nes. So aber mit dem zweiten *u* in ganz anderer, tiefer Tonlage: bekommt der Ruf was Abgerundetes. Bekommt er Geschlossenheit trotz der anfänglichen Länge. Die Kürze des zweiten Lauts ist mit ein Kick; etwas ganz Unausgelaugtes.

Der Ruf kam mehrmals im Film. Als es für mich klar war, dass er nicht noch ein weiteres Mal folgen würde, rappelte ich mich hoch und rannte ich 1993 aus dem Kinosaal. Kino am Friedrichshain.

Und jetzt sind in ganz Deutschland keine Frauen mehr so auf dem Feld, die sich etwa mit einer andern Frau kurzschließen wollten. Oder wollte eine Frau das, dann hätte sie ein Smartphone dabei. Rufe würden bei Traktorengeratt're auch kaum Hunderte Meter gehört werden. Einst aber die Rufe statt eines Handys. Das ging wahrscheinlich so Jahrtausende lang. Diese Rufe … wurden gewissermaßen geduldig auch wiederholt.

Eine solche Tradition weiterzuführen? Nein nein. O nein. Das wäre ja obendrein rückschrittlich.

Und all diese Ruferinnen sind 2021 tot, ausnahmslos. Nichts zu wollen. Blöd.

Von ganz anderer Seite her erfuhr unsre Mutter über Jahre hin noch was über Borchs. Die Borchs verkehrten mit Städtlers, mit der tonangebenden Arztfamilie in Schönwald, und hier hielt die Freundin meiner Mutter nicht dicht, Kläre Dame. Die Tante Kläre, die mit uns 1945 zusammen geflohen war und Ellens etwas klemmenden Kinderwagen samt Ellen aus dem wieder anfahrenden, falsch weiterfahrenden Zug gerade noch 'rausgezerrt hatte; Freundin meiner Mutter von schlesischen vertrautesten Zeiten her. Kläre wohnte über ein Jahrzehnt lang bei Städtlers. Kläre war eine kultivierte, dabei desillusionierte Frau, und die erlebte ein Jahrzehnt lang alles bei Städtlers mit. Beinah jeden Monat machten sich Borchs und Städtlers zusammen einen geselligen Abend; immer im Städtlerschen Haus. Borchs und Städtlers verlustierten sich da ordinär und forsch, dass die Fetzen flogen. Ich denke mir das begreiflicherweise nicht aus, sondern jemand hinterbrachte das meiner Mutter, … Nachname wie erwähnt, Kläre. Kurz und gut, ich stehe nicht an, zu behaupten: die freche Schnüss, den zupackenden, nicht zu irritierenden Intellekt, den auch nicht zimperlichen Zugriff des Moritz von Uslar, – das hat der Moritz besonders von seiner Großmutter. Von Ruthmaria hat er sich da was abgeguckt, von Ruthmaria hat er den Schneid gelernt. Den Schneid, zu erfragen, was für gute Bürger dreimal tabu ist. In *100 Fragen an*, seinen Interviews, Uslars Interviews in der Süddeutschen Zeitung, hör' ich genug Ruthmaria heraus. Bei Moritz von Uslar wird ständig hinzugefügt, dass er der Sohn des eloquenten und versierten Bonner Kulturdezernenten Jochem von Uslar sei, und von der Großmutter Ruthmaria wird nichts erwähnt. Weil die entsprechenden Journalisten keinen Dunst haben.

Mit den in Buchform erschienenen *100 Fragen an* und erst recht mit *Deutschboden* wurde Moritz dann auch literarisch erfolgreicher als sein Großvater. Alhard war in den Fünfziger Jahren mit dem Manuskript eines Schlüsselromans bis zu Ernst Rowohlt vorgedrungen. Dreibändig würde das Opus werden. Ernst Rowohlt nahm den ersten Band des Manuskripts endlich an, aber –, … neuer Lektor und so weiter, das gesamte Manuskript blieb doch unveröffentlicht. Zwei Jahre stürmte Alhard immer zwischen den groß dimensionierten Zimmern des Schlosses hin und her; des Hauses, soweit er das für die Familie reserviert hatte, und brachte er winzige Verbesserungen auf Manuskriptseite 977 an, Korrekturen, deren Dringlichkeit er als Nichtliterat überhaupt nicht abschätzen konnte, und entwarf er Empfehlungsschreiben an Leute, die bei einer Buchveröffentlichung nichts zu entscheiden hatten. Teils schickte er diese Schreiben dann ab, teils nicht. Solchen zeitfressenden Tätigkeiten widmete sich später sein Enkel Moritz nicht.

Bleibt noch schleunigst nachzutragen: Die Tante Kläre war auch nicht aus Tummsdorf, sie war die Tochter eines Bankers und Millionärs, der in der Inflation im Herbst 1923 pleite ging. Deren Vater hatte sich deshalb gleich ’s Leben genommen. Die breslauerisch-großstädtische Kläre wusste, wie es in der Welt aussieht.

Tante Kläre war mit einem Dolf Neubert eng verwandt, und so heiratete Puppel mit dreiundzwanzig Jahren den Dolf. Mit dem die Puppel nicht glücklich wurde. Aber das wussten viele am Anfang besser; und Kläre bekam am Polterabend feierlich einen Kuppelpelz umgelegt, ganz konkret einen. Rolli und ich redeten noch am Verlobungstag unserer Schwester vom Neubert heftig ab, Erfolg hatten wir keinen. Sie ging dem Dolf erst nach ’n paar Jahren Ehe durch.

Selbstmord war im weiteren Bekanntenkreis unserer Familie ohnehin eine gern erwog’ne Alternative, und Tante Gittel, Schwester unsrer Mutt, ließ es in den paar Jährchen, in denen ihre Familie sich mit unsrer Family den oberen Flur des Werksküchen-Gebäudes teilte, auf fünf ernsthafte Suizidversuche kommen; unsre Mutter – nicht mein Vater – offenbarte mir das.

Auch die spottvollen und souveränen beiden von der Borchs, Ruthmaria und Alhard, konnten vor jemandem Bammel haben. Einmal waren bei dem Ehepaar Gäste, und das Ehepaar hatte da Rotscherenkrebse aufgefahren. Krebse gab es nämlich damals im Perlenbach zuhauf. Ruthmaria und Alhard hatten sich die Krebse für ihre Gäste erlaubt, obwohl Carl-Otto ja eisern darauf sah, dass just jetzt in den Monaten nicht gekrebst wurde. In anderen Monaten auch nicht.

»Dieses unziembliche Khrebsen«, äußerte Carl-Otto; er betonte das empört so, und er hoffte damit, dass er Lüsternen die Absicht vergällte, die Tiere wegzufangen.

Carl-Otto war vor allem jederzeit imstande, die Wohnung seines Sohnes aufzusuchen. ... Hatte es sich darum gehandelt, als Noschs Leute seinerzeit die Bungalow-Idee immer- und immerfort wieder durchsprachen?

Borchs und die Gäste hörten, wie Carl-Otto draußen die Wohnungstür aufklinkte. Das Ehepaar und daraufhin die Gäste ließen die Krebse ... sämtlich unter dem Tisch verschwinden; jeder bei sich. Die erwachsenen Personen; der Tisch war mit einer großen und einigermaßen weit herunterhängenden Tischdecke bedeckt. Nur trocken Brot hatte jeder auf einmal noch sichtbar vor sich liegen. Carl-Otto trat ein.

Kam 'rein, schwadronierte und verzettelte sich in Anekdötchen, und die im Essen Gestörten bibberten nur immer: hoffentlich sieht er nüscht. Hoffentlich fällt das mit dem bloßen Brot nicht auf. Nicht ihm. Anderen würde es sowieso auffallen. Hoffentlich geht er bald. Er ging aber gar nicht bald. Und in zwei Tagen würden die Edelkrebse schwer riechen. Stinken, die Edelkrebse. Allgemeine Hoffnung: Na ja, dermaßen lang würde Carl-Otto nicht Schwänke zum Besten geben.

Mit derart kindertypischen Tricks hat sich das Ehepaar so manche Jahre durchgemogelt, und ich dachte, als mir das viel viel viel später Ruthmaria beifallheischend preisgab, sofort an das von Nosch verheimlichte Sich-Umzieh'n im Waldgebüsch. Das richtete sich ja gegen genau die Eltern. Freilich, auch ich sagte Frau von der Borch meinen Gedanken nicht. Ich mochte Nosch nicht noch nach ihrem Tode anschwärzen; und die Ellen, die mir das einmal anvertraut hatte, wollt' ich genauso nicht verraten.

10. KAPITEL
Judas

Einer meiner Mitschüler, der ziemlich den gleichen langen Schulweg wie ich hatte, Dietmar Schreier, war in der Schule einmal zwanzig Minuten zu spät dran.

»Der kommt schon noch«, sagte dessen Zwillingsbruder Horst, in der Schule. Wir, die Mitschüler und die Lehrerin, wurden dann langsam von dem Zwillingsbruder Stück für Stück aufgeklärt. Das heißt, die Lehrerin kitzelte es heraus: Dietmar hatte zu Hause etwas pexiert und für Ärger gesorgt und wurde deshalb von der Mutter ewig lange zurückgehalten, damit er zu spät in der Schule eintreffen würde. Und damit er deshalb von der Lehrerin ausgeschimpft werden würde. Das beabsichtigte Dietmars Mutt.

Erziehungsmethoden.

Auch damals die Krönere musste sich da erst mal erholen und brachte erst etwas zeitversetzt vor, »also bittschön! das ist keine Art. Sag das eurer Mutter.«

Gar nicht selten wurde die Lehrerin Fräulein Kröner aus dem Klassenzimmer hinausgerufen, vom Schulleiter; bis heute finde ich so ein Abziehen aus der Unterrichtssituation unmöglich und unverzeihlich. Die Lehrer haben Unterricht mit den Schülern zu machen und in dieser Zeit keinen Organisationskäu miteinander zu bekaspern; das ist wohl das Mindeste. Die Krönere wurde 'rausgeholt, und für diese Zeit bestimmte sie dann noch schnell einen Schüler, aufzupassen. Der sollte drauf sehen, dass wir uns alle mit einer gestellten Aufgabe beschäftigten und nichts anderes taten. Wer nicht brav war, der sollte von dem Aufpasser angeschrieben werden, vorn an die große Schultafel, … so dass die Lehrerin hinterher ablesen konnte, wer herumsauliert hatte; die Betreffenden wurden dann von ihr bestraft. Der Aufpasser wischte aber, knapp bevor die Krönere wieder ins Klassenzimmer zurückkehrte, alle Angeschriebenen schnell weg noch. Damit schmeichelte er sich bei den Weggewischten ja auch ein. Einmal wurde ich von der Krönere zum Aufpasser bestimmt. Mir war das schon gleich nicht recht. Ich war dicht davor, der Krönere laut zu sagen, »das will ich nicht«, sagte das aber doch nicht; ein massiver Fehler!

Ich ermahnte dann all die Aufsässigen; erst schrieb ich noch überhaupt niemanden auf. Eine ganze Anzahl hörten aber gar nicht auf mich, und das war mir auch klar: sie wussten ja, »zum Schluss werden wir eh wieder gelöscht« – getilgt von der Tafel –. Ich schrieb die Krachmacher und Herumsaulierer also nun an; und ich wischte zum Schluss niemanden weg. Mein zweiter entscheidender Fehler war nur: ich hätt' das den Mitschülern ankündigen sollen, ›also, herhören: ich wisch dann nichts mehr weg‹. Das kündigte ich nicht an, ich war eben wütend, und in der mich einengenden Wut fiel mir das Vorwarnen nicht ein.

Ich hatte diese Tour mit dem Wegwischen schon immer bisher blöd gefunden. Sie unterlief das ganze Prinzip, fand ich – ohne dass ich das in diese Worte gebracht hätte –. Und die Ranschmeißerei der anderen Aufpasser an die Ausgewischten fand ich auch zum Kotzen. Nein, ich wollte das nicht genauso machen. Das Ganze war auch eine konkurrierende, parasitäre Ebene, die es doch eigentlich gar nicht geben durfte; ich missbilligte diese Wegwisch-Methode restlos. …

Was folgte? Ich weiß heut noch, wie mehrere der Aufgeschriebenen ganz kurz, blitzschnell, erstaunt hochguckten – und von dieser vierten Schulstunde an hatte ich erst mal für 'ne Zeit meinen Spitznamen weg. »Judas«. Einer der Mitschüler brachte das Wort auf, die andern sagten es sofort nach und ließen das auch nicht aus sich 'rausprügeln. Judas war mal vor langer Zeit der Verräter des Jesus gewesen. Kamen sich die Angeschriebnen als Jesus vor? …

Die Krönere freilich war ebenfalls derart ahnungslos und überblickte die schiefe Situation nicht, die sie mir oder anderen Aufschreibern einbrockte. Das dämmerte mir damals doch, es wunderte mich immer mehr. Aber es wurde mir ja in diesen Jahren eh immer klarer, wie die Erwachsenen vor Dummheit strotzten. Ich war innerhalb einer Viertelstunde in die ekelhafte Umgebung des Judas und des Denunziationswesens hingedrückt worden. Des Denunziantentums, das andernorts noch mehr das Miteinanderleben verdorben hat.

Und so gut auch meine Beziehung zu den Eltern war, mindestens zu meiner Mutter, von dem Aufpasserdienst und den Schreckens-Sachen danach erzählte ich den Eltern keine Silbe. ›Judas‹? Das scheußliche

Ende mit *Judas* hielt mich ab; und ich traute da unseren Eltern wieder einmal nichts zu. Dieses Wörtchen sollten die mal nicht hören.

Überhaupt habe ich das siebzig Jahre noch nie jemandem erzählt. Denn der suggestiv-bösartigen Wucht des *du-bist-der-Judas*-Vorwurfs kann sich keiner so leicht entgegenstellen. Mindestens in Wut-Augenblicken wird so was ja doch übernommen.

... Ein mächtigerer und sperrigerer Gegenspieler war da nur noch – das Geschick. Etwas so Klobiges, Polteriges wie das Geschick. Tyche, τύχη. Weil es dermaßen sperrig und ungefüge ist, habe ich diesen Dreinpfuscher hier bisher ziemlich umgangen. Damit will ich auch Schluss machen. Tyche ist eben doch tätig, auch wenn wir Menschlein das ignorieren wollen. Und verhindern wollen. Zu Unrecht ist der Tychismus augenblicklich etwas in den Hintergrund geraten. Die Griechen, die alten – sensibel und ästhetisch feinfühlig, wie sie waren –, haben dem Geschick, dieser Instanz, Zoll gezahlt. Sie haben sogar ihre Götter nicht davor geschützt sein lassen. Gefeit die Gottheiten davor? O nein, mitnichten.

Wir Gölers wohnten ab Frühherbst 1945 in einer stillgelegten Porzellanfabrik, in der »C«. Mein Vater war noch nicht bei uns, meine Mutter schlief in dem vormaligen Bürozimmerchen der Fabrik zusammen mit dem Baby, die Marianne schlief in einer Rumpelkammer, die meine Mutter »das Kabäus chen« nannte. Zu dem Kabäuschen führten vom Bürozimmer fünf

Stufen schön und geheimnisvoll hinauf. Die Tür oben: war immer zu. Mariannes Reich. Klar, zu.

Wir anderen vier Kinder schliefen in einem angrenzenden Fabrikssaal. Betonfußboden also. … Man sieht langsam schon, wir sind ziemlich mit Sälen großgeworden.

Aber nicht nur die offenen metergroßen Aussparungen im Fußboden waren für uns Kinder eine Gefahrenstelle. An einer Wand, der Mauer, befand sich eine breite Anwahlsteuerplatte, eine Schalttafel.

»Starkstrom!«, hörten wir. Dessen ungeachtet holte ich mir, umringt und umtanzt und umwabert von meinen Geschwistern, einen Stuhl vor das Elektroschaltbrett, ich stellte mich auf den Stuhl; fingerte interessiert an dem Schaltbrett und vielleicht an den Steuerknöpfen herum. Und da erhielt ich einen grausamen elektrischen Schlag. Ich fiel auch so ziemlich von dem Stuhl. Wieso ich nicht gestorben bin, weiß ich nicht. Da wäre das Literatenleben nach zwei kurzen Kindererzählungen, die ich drei Wochen vorher aufgeschrieben und meinen Angehörigen vorgelesen hatte, schon fertig gewesen.

Natürlich habe ich die Strom-Katastrophe inzwischen mal erzählt. Einem Diplomingenieur. Von dem habe ich zu hören bekommen: »Kann nicht sein. Einen Starkstromschlag überlebst du nicht. Denn einen Starkstromschlag überlebt keiner.«

Und wieso lebe ich noch? Die meterbreite Schaltanlage in der Fabrikshalle: unter Strom, das war sie. Mir und uns hatte der technische Direktor der Porzellanfabrik, mein Onkel Martin, gesagt: »Da ist Starkstrom.«

Wieso sollte folglich Schwachstrom gewesen sein? Für Schwachstrom ist so eine Mords-Tafel auch nicht ausgelegt.

Wir waren hier in der »C« einen ersten Winter lang. Der Winter, der kam, hatte es in sich. Heute wird behauptet, es war der kälteste des zwanzigsten Jahrhunderts, 1946. Der Fabrikssaal, der von den Brennöfen – Durchmesser wohl fünf Meter – durchstoßen wurde, konnte überhaupt nicht geheizt werden. Gut, wir schliefen ja da nur; im vordersten Saalteil. Zu beheizen war 1946 bloß Mutters Büro-Gelass. Weil wir aber im Januar nachts in den Betten froren, sorgte meine Mutter wenigstens für anfängliche Wärme: sie gab jedem einen Ziegelstein mit ins Bett, der vorher auf dem Bürozimmeröfchen erhitzt worden war. Erst war der Ziegel zu wenig heiß gemacht worden; bald dann zu sehr; meine Mutter wickelte jeden Ziegel in Lappen ein. Wegen der Ziegelsteine kamen wir heil durch den barbarischen Winter, trotz der Minusgrade in dem Fabrikssaal. Wie viel Minusgrade wir da hatten? Wenn ich abends noch nicht gleich einschlafen konnte, beugte ich mich mal ein bisschen über den Bettrand hinaus, ich brachte Spucke außen an die Bettwand und ich guckte meiner Spucke nach, die außen am Holz also ablief, dreißig Zentimeter weit. Wenn sie von dort abtropfte und auf den Steinboden gelangte, kam sie bereits als Eis an. Großartig! Meine Brüder machten mir das an ihren Betten nach.

Derselbe Eiskugeleffekt bei ihnen. Auch am Morgen nach dem Aufwachen und wenn ich zu viel Spucke im Mund hatte, beschäftigte ich mich so. Spuckbahnen! Und unten dann die Eiskügelchen. Meine Mutter, die die einzelnen losen Eisklümpchen allmählich entdeckte, war entgeistert. So kalt war es! Wir sollten das mit unserer Spucke mal bleiben lassen, sagte sie. Diesem Winter waren wir kaum gewachsen. Die Marianne bekam dann irgendwo anders in Schönwald ein Zimmerchen. Wegen Kälte oder wegen zu viel innerer Hitze?

Im zeitigen Frühjahr wurde unsere Fabrikssaalschlafstätte, in der weiter hinten die zwei offenen riesigen Löcher von den Porzellanrundöfen im Steinboden waren, mit Bretterwänden aufgeteilt. Hinter den Bretterwänden zogen weitere schlesische Flüchtlingsfamilien ein.

… Auch dass die Marianne auf der Flucht und hinterher bei uns blieb, war nicht vorgesehen gewesen. Unsre Mutter floh mit uns vier Kindern und mit einem fünften, der nachmaligen ›Puppel‹, im Bauch, außerdem mit der Tante Kläre und dem »Pflichtjahrmädchen«, der siebzehnjährigen frechen Marianne Grüttner, Bediensteter unsrer Mutter. *Pflichtjahrmädchen* – für ein Jahr war das immer –, so etwas hatte der Hitler eingeführt. Diese Marianne beschwor unsre Mutter, sie wolle mit; meine Mutter solle sie mitnehmen. »Darf ich mit?«

Die Marianne kapierte nämlich: Da, wo unsre Mutter hin floh, würde es sicherer sein als in Schlesien. In Schlesien würden die Russkis bald alles erobert haben.

11. KAPITEL
Dr. Martin Bauer

Bei den Straßen, die glatt »geteert« waren – Industrieort –, bin ich als Kind und Jugendlicher kaum einmal auf dem Bürgersteig gelaufen, sondern immer auf der Fahrbahn. Und zwar mitten auf der Fahrbahn; das war für mich selbstverständlich. Ich tat das nicht als der einzige, ich hatte es ja den anderen, den Erwachsenen auch nachgemacht, aber doch gewöhnten sich die allermeisten anderen, Erwachsene wie Kinder, allmählich an, auf den Gehsteigen zu laufen. Meine Geschwister nicht, ich nicht. Und auf dem schmäleren Bürgersteig kam mir einmal der Onkel Martin entgegen, der von den Leuten immer scheel-verschüchtert wahrgenommene Direktor. Ich hätte ihn »Onkel Marrtin! Tag!« schmetternd begrüßen wollen, empfand im letzten Moment grade noch, dass das hier unpassend war, und grüßte nur »Heil Hitler, Onkel Martin«, normaler Tonfall. Er sah mich daraufhin starr an und sah dann sofort weg. Er erwiderte meinen Gruß überhaupt nicht. Was mich sekundenkurz wunderte und was ich solang dumm von ihm fand. Dann erinnerte ich mich: das sagte man ja jetzt nicht mehr. So durfte man jetzt nicht mehr grüßen. Also war es dumm von mir gewesen. Das konnte ich jetzt, wurde mir klar, auch nicht mehr gutmachen. Ich konnte ja nicht mehr auf dem vollen Bürgersteig hinter ihm her rennen und ihm »Grüß Gott« nachrufen.

Der Krampf ist mir bis heute im Gedächtnis geblieben. Das Wegsehn des Onkels. Ich hab mir das nicht aufgeschrieben. Ich führte damals kein Tagebuch.

Dass ich allermeistens auf der Fahrbahn ging, gewöhnte ich mir auch viel später noch nicht ab, eigentlich nie; auch nicht, als dann doch schon mehr als drei Autos auf der Straße fuhren. Ich nicht mitten auf der Straße gehen? Da wäre mir der halbe Tag verhunzt gewesen. Das hielt ich, so eine Beschneidung, nicht aus.

In meiner Stellung zu den Mitschülern war ich vor der ›Judas!‹-Kurve immer in der Mitte zwischen den »Einheimischen« und den Flüchtlingen. Und so halb und halb einen Freund hatte ich unter den Flüchtlingen. Das war der Gerald Horak; der war von nicht weit weg her geflohen, aus dem Sudetenland. Das Sudetenland fing schon fünf Kilometer hinter Schönwald an und hieß Tschechoslowakei, von uns Deutschen locker als Tschechei bezeichnet (und heute im erneut abfälligen Umgangston »die Tscheche« genannt). Der Gerald war sofort der Klassenbeste und besser als der Georg Baumgärtel, der als Einheimischer immer der Beste war – Georgs Vater hatte ein dickes Baugeschäft und schwamm im Gelde –; jeder von uns in der Klasse hätte mit dem Georg tauschen wollen.

Es war eine zwiespältige Freundschaft zwischen dem Gerald und mir, keine herzliche, der Gerald war ein unglaublicher Ehrgeizling und ließ neben sich keinen richtig gelten. Ich wurde mehrere Male zu ihm nach Hause eingeladen, und ich lernte da auch seinen etwas jüngeren Bruder Gernot kennen – der nicht ganz so stachlig-ehrgeizig war – und deren jüngere Schwester Edelgard, die in Ellens Klasse ging. Ob Ellen sich überhaupt an die erinnert? An die wohl nicht.

Der Gerald war ein Klugscheißer, ein Wichtigtuer, ein hochmütiger Typ, das Gegenteil eines guten Freundes. Dummerweise wusste er auch tatsächlich ein bisschen mehr als ich. Beliebt war er nie in der Klasse, aber er legte eindeutig und souverän die besten Leistungen vor. Sein Vater war im Sudetenland Lehrer gewesen – selber offenbar ehrgeizig –; mein Vater lernte den Herrn Horak auch etwas kennen, und überhaupt schob mein Vater mich ein klein bisschen in diese Freundschaft 'rein. Mir gefiel schon mal nicht der Name, Gerald, der kam mir gekünstelt-wertvoll vor; als etwas bemüht-Besondres. Der Gerald aus unsrer Klasse, wurde mir eine Anzahl Jahre später berichtet, ist ganz früh gestorben; er hatte auch einen Herzfehler.

Der Georg Baumgärtel übernahm bald nach Ende der Schulzeit das väterliche Geschäft. Er war noch jung und verlangte nach Abwechslung, mich wunderte das nicht, alles glückte dem ja. Der »Gorch« fuhr dann als Baugeschäftsinhaber schon mal mit einem seiner vielen Angestellten auf dem Traktor mit. Etwa auf den Kornberg im Fichtelgebirge; hinten auf dem Traktor er, der Gorch. Vom Kornberg herunter sollten eine Anzahl gefällter Fichtenstämme, die der Gorch wieder gekauft hatte, nun nach Schönwald gebracht werden. Selbstverständlich hätte Gorch niemals nötig gehabt, bei dem Abtransport mit dabei zu sein; er fuhr aus Langerweile mit. Der Langholztransport musste zunächst einmal die steile Trasse vom Kornberg herunter, und unversehens fingen diesmal die Stämme nach vorn zu rutschen an, sie dr–

Der Traktorfahrer schräg vor dem Gorch merkte erst gar nichts; der hörte da nur vom Gorch einen kurzen Laut, einen erstickten und sofort aufhörenden Mucks, auch Gorch selber hörte nur das noch von sich, aber er war vom Hören restlos abgelenkt. Der Traktorist hörte zum Schluss einen Ton, … ähnlich einem Pfeifen. Die Stämme drückten den im Traktor mit sitzenden Gorch dünn, sie zerdrückten so ein Menschlein.

Als besten und richtigen Freund – und nicht bloß wie den Gerald Horak – hatte ich den Bernhard Krafft in der Volksschule, und die Freundschaft war so groß, dass ich im Gymnasium dann einen Mitschüler, der ebenfalls Bernhard hieß, unweigerlich als meinen neuen Freund haben musste, ich bemühte mich und warb richtiggehend um jenen anderen zweiten Bernhard – Kaupert –. Ohne den Vornamen hätte ich den Kaupert nie und nimmer umworben. Nach einiger Zeit ließ der Bernhard Kaupert sich dann auf meine Freundschaft ein; ich erzählte ihm nicht von der Namensgeschichte.

Auf den Bernhard Krafft war ich ebenfalls von meinem Vater erst mal aufmerksam gemacht worden.

Was fädelt mein Vater denn da jetzt wieder ein! dachte ich bei mir.

Wenige Tage später erlebte ich Bernhard in meiner Klasse. Mein Vater wusste, dass die Familie vom Bernhard Krafft so halb und halb als »Flüchtlingsfamilie« sich ins ländliche Schönwald verzogen hatte, aus Berlin. Dieses irre Berlin wurde 1947 schon wieder von Lebensmittelmangel gebeutelt. Die Familie bezog den Dachboden der Villa Martin Bauers; zu dem Onkel Martin war'n wir aus Schlesien geflohen.

Gleich mein erster Besuch beim Bernhard Krafft hat mich tief beeindruckt. Bernhard war das jüngste von sechs Geschwistern; ich hingegen war mittendrin in der Geschwisterreihe. Dass das beim Bernhard eine völlig andere Situation ergab als bei mir, merkte ich sofort. Der Bernhard wartete auch mit lauter Spielsachen und Büchern auf, die er von den Geschwistern hatte, seine Geschwister waren bis zu zehn Jahre älter. Er lieh mir dann immer wieder einmal ein Buch. Es waren die ersten Bücher, die ich las; in Herischdorf war ich nur ein Dreivierteljahr in die Schule gegangen. Die ersten Bücher vom Bernhard übten eine phänomenale Wirkung auf mich aus. Er besaß ein dickes Märchenbuch, bebildert, zerfledert, das rückte er nicht 'raus, das gab er mir nicht nach Haus. Und er besaß ein Buch über Elefanten. Noch wichtiger. Halb zerfetzt, die ersten Seiten und die letzten fehlten.

Ein Elefant ist seitdem für mich ein besondres Wesen, ich liebte die und liebe die. Der Rüssel; länger ja als das Schwänzel eines kleinen Jungen. Auch ihre

Klugheit, ihr Gedächtnis … machten mich ehrfürchtig. Ich bearbeitete meinen Vater: Seien Elefanten stärker als Löwen?

»Ja.«

Für mich zentral wichtig.

Werden sie auch mit 'ner Schlange fertig?

»Ja.«

… Herrlich für mich, zu wissen, dass sie eine würgende Schlange besiegten, und dass Elefanten noch weitere Eigenschaften haben. Bernhards Buch über die Elefanten beeindruckte mich noch mehr als irgendwann später die lebendigen Elefanten; die reichten knapp an die beschriebenen Elefanten heran.

Die ersten Male, die ich zum Bernhard kam, stieß ich auf lauter Unübersichtlichkeit. Berge von Klamotten der Familie; die Kraffts waren erst wenige Wochen vorher hier angelangt. Ich merkte oder spürte, was in anderen guten Familien das Wichtigste war. Kleidung. Ich lief ja lieber barfuß, sooft es nur ging, da brauchte ich gleichzeitig nicht einmal Kniestrümpfe. Die Kraffts hatten sich noch nicht einrichten können und hatten überhaupt zu wenig Platz für ihr Zeugs, sie waren so viel Personen. Ich staunte und bewunderte immerzu. Mit dem Bernhard war ich im Handumdrehen bestens vertraut. Wir konnten schnafte gut auf'nander eingehen. Ich vertraute ihm so ziemlich das meiste an, was ich wusste und dachte. Er war es auch, der mich als erster einweihte: »Weihnachtsmann? – Gibt's nicht. Osterhase – gibt's nicht. Christkind – gibt's nicht«. Irgendwie zählte er mir noch mehr auf; aber noch mehr, was es nicht gäbe, glaubte ich ihm nicht. Das sagte ich ihm auch. Sonst war ich nicht so bekennend. Das Christkind war für mich die absolute Grenze. Kleine Meinungsverschiedenheit. Nikolause gab es doch ganz klar. Wir waren da achteinhalb Jahre alt.

Nach einem halben Jahr tauchten ernstere Streitgründe auf. Wie es sich mit verschiedenen Dingen verhielte; in Zusammenhang mit Indianern. Es ging aber auch darum, dass ich nicht den Haupteingang zum Onkelmartinsvillengrundstück benützen sollte, wenn ich zum Bernhard käme, sondern den Seiten-Hofeingang wie Bernhard selber. Ich bestand darauf, ich würde weiter das offizielle Gartentor benützen, mein Onkel habe mir das nicht verboten. Dieser Streitpunkt ist mit Bernhard bis heute nicht beigelegt. Jeder war hier unnachgiebig. Und ich dachte zugleich empört: Ach fängt's der Onkel Martin jetzt so mit den Flüchtlingen an? Des Weiteren drehte es sich auch noch um die Frage, »totmachen. Muss sein?«, um etwas also, was ich auf keinen Fall glaubte zulassen zu können.

Auch heut' bin ich bei dieser Meinung geblieben. Ich habe sie sogar wohl noch in unerwarteter Weise erweitert: es ist nicht nur verbrecherisch – das sowieso –, sondern läppisch und töricht, andere, die als »Feinde« erklärt werden, nur immer totzuhauen. Billig ist das. Sie totzumachen? Umzuschießen? Es ist läppisch, töricht und täppisch. Wenn schon, besser, sie umzuerziehen.

Ganz so weit ging ich damals nicht. Jedenfalls waren wir dann ein Mal, zwei Mal, insgesamt genau drei

Mal so rasend einer auf den andern, dass wir miteinander rauften. Das eine Mal direkt an dem zu der Tageszeit sonnbeschienenen Waldrand. Die Raufereien blieben jedes Mal unentschieden. Die Kämpfe, die schlimm und bitter ernst waren, lockerten unsere Zusammengehörigkeit doch; vor allem nach dem letzten Raufhandel. Bernhard ging dann in der Schule auch mehr mit anderen, vor allem einem ganz »simplen«, aber sehr auf seinen Rechten bestehenden Bauernsohn (seinen Rechten, die ich ihm ja gar nicht nehmen wollte), mit Siegfried Schmidt, der neben der Onkelmartinsvilla quer über einen Morastweg 'rüber, über einen Drecksweg hinüber, im Bauerngehöft wohnte. Der Weg schon wirkte wie eine Grenze. Für mich mehr als die Grenze zur Tschechoslowakei. In Wahrheit war der Schmidts Siegfried ein Ur-Schönwalder, seine Familie pflügte noch genau die Felder, die sie schon beharkte, als es hier und in ganz Mitteleuropa keine einzige Fabrik gegeben hatte.

Ich redete mit dem Schmidt in den drei Schuljahren keine dreißig Sätze. Ich konnte mit dem in seinem Vierkantbauernhof nichts anfangen, und er hatte an mir Flüchtling kein Interesse. Ich weiß noch, wie der Bernhard in Abständen immer wieder mal mit dem Schmidt besonders viel plante. Und auch, wie er vor mir von dem breit zu palavern und den zu loben anfing. ›Was hat er nur wieder mit dem Schmidt!‹ dachte ich bei mir. ›Klar, das ist *sein* Nachbar, na und?‹ Ich war auch – wenn ich mir das heute wieder vor Augen führe – ein bisschen eifersüchtig. Mit einem anderen

Bauernsohn verstand ich mich aber super, dem Alfred Riedel aus unserer Klasse. Mit dem unterhielt ich mich immer wieder und lange; er war mir auch wohlgesinnt. Bei ihm habe ich lauter gute Gefühle, bis heute.

Drecksweg zum Siegfried Schmidt: also nicht asphaltiert, kein Kopfsteinpflaster, nur Modder. Bei Regen sofort Schlamm; ich hab mir an dieser Stelle manche Schuhe, sogar noch Strümpfe verklebt. Der breite Drecksweg mündete dann in ein Gewirr von schmalsten, eckig winkligen Wegen, die an den Gärten hinten und den Gartenzäunen entlangführten. Und auf diesen Wegen holte ich in den ersten Jahren immer in der Milchkanne die Milch. Vom Milchmann, für unsere Familie. Die Wege waren nämlich eine gehörige Abkürzung; wenn man sich nur auskannte. Wenn man sich verlief, war es allerdings weiter als auf der Straße. Die Milch zu holen: ich machte das genauso wie der Onkel Ernst, der vormalige Oberst. Dass der das selber tat, damit erreichte er mich auch wieder.

Irgendwann ließ ich mir beikommen, da auf den winkligen Pfaden hinter den Gärten von der Milch zu schlabbern. Heißt, zu trinken. Die kalte weiße Geschichte schmeckte mir sehr gut. Die Milch war anders als heute kein bisschen entrahmt. Und es gab an dem Weg, der – geschätzt nur hundertvierzig Zentimeter breit – zwischen den Gartenzäunen durchführte, einen Granittrog. Der Trog war aus einem einzigen Felsstück. Ausgehöhlt das Stück, das ein Meter lange Stück. In den Granittrog floss unaufhörlich eine rohrgefasste Wasserquelle hinein (sogar nachts); an der füllte ich dann meine Milch wieder auf. Bis es endlich meine Mutter einmal irgendwie spannte, und das fand ich ganz schön blöd. Sie auch.

Auf diesem »hintenrum«-Weg sah ich im Winter 1947 zum Beispiel wochenlang nicht mehr die Weidezäune; der Schnee lag damals also unbezweifelbar neunzig Zentimeter hoch. Der Hintenherum-Weg war für mich wichtig, ich mochte den gern; da habe ich mich an der entfernten Silhouette des gewaltig ansteigenden Kornbergs gefreut. Kühe waren im Sommer außerdem auf dieser einen Seite: dort, wo der Weg dann die Gärten hinter sich ließ. Kühe und Fliegen waren. Gegen die Fliegen konnte ich mich nur schwer behaupten. Die hielten mich mit für Rindvieh. Ich hatte sogar die dünnere Haut.

Einige Monate, bevor ich ins Gymnasium übertrat – nach der vierten Klasse –, wanderte der Volksschulbernhard nach Nürnberg ab. Sein Vater Benno war Schokoladen-Großhändler, und der hatte seine Beziehungen zu der weltbekannten Nürnberger Plätzchen-Firma Haeberlein-Metzger wieder auffrischen können. In der Zeit der westdeutschen Fress-Welle. Herr Krafft ließ sich nun mal lieber dort anstellen, fest anstellen. Der wusste genau, was sinnvoll ist, er glaubte ja auch nicht an den Weihnachtsmann, anders als ich.

Als Bernhard und ich nicht mehr so doll miteinander harmonierten, steckte Bernhard auch mit dem Wimmer zusammen. Der Wimmer war bester Herkunft, war ein selbstbewusster Sohn eines Gymnasialstudienrats aus Crimmitschau und bereits bei Kriegsende in das sichere Schönwald gekommen. Der war bei seinem Großvater gelandet. Dieser Mitschüler von uns Volkmar Wimmer, hellblond, sah klasse aus (und seine drei Jahre ältere Schwester Almut war 'ne Schönheit); mit ihm war ich dann die letzte Zeit, als Bernhard schon nach Nürnberg umgezogen war, öfter zusammen. Ein paarmal hab ich Volkmar in dem gewaltigen Haus, in dem Volkmars Großeltern und seine Mega-Familie und die Familie seiner Cousinen wohnten, besucht. Das Haus, außen ein blödsinnig großer Kasten, war innen beneidenswert ausstaffiert, ... der steinreiche, durch geschicktes Reden reich gewordne Großvater, ehemals kaufmännischer Direktor der Schönwalder Porzellanfabriken. Der hatte sich den Kasten leisten können. Ausgestattet, – gediegen und teuer: vor allem denk' ich da an das Vestibül. Ein riesig-weites und durch überdimensionierte Fenster ganz hell gemachtes Vestibül. Ja, das war erst noch der Eingangsbereich ... Und hier lieh ich dem Volkmar auch den Karl May *Der Derwisch*, den ich besaß. Das Buch, von dem ich dem Volkmar so lange vorgeschwärmt hatte, dass Volkmar es dann von mir unbedingt leihen musste.

Volkmar gab es mir nicht wieder. Ich beriet mich mit meinen Brüdern deshalb. Mit meinen Eltern, und nach Monaten sprach ich ihn darauf an. »Ich bräuchte den ›Derwisch‹ wieder.« *Bräuchte*, das war der Dreh.

Volkmar-Klassenkamerad: »Den hab ich dir schon wiedergegeben.«

So machte man das. Kaufmännischer-Direktors-

Enkelsohn. Nein, er hatte ihn nicht wiedergegeben. Mindestens noch einmal, wieder erheblich viel später, sprach ich ihn an, da war ich nun schon im Gymnasium. Ich hab das Buch nicht wiedergekriegt. Tausende Bücher hab ich seitdem besessen, aber an diesen wertlosen ›Verlust‹ denk ich immer wieder noch einmal.

Gymnasiallehrer, Mathe, war sein Papa in Schönwald nicht mehr. Denn in Crimmitschau war der Vater ein hochaktives Nazi-Großmaul gewesen, und nach dem Krieg war dem Wimmer-Vater in der *Spruchkammer*-Verhandlung verboten worden, als Lehrer noch weiter Schüler zu beeinflussen. Der Wimmer-Vater wurde jetzt Porzellangrossist – und kommandierte mit heller klarer schneidender Stimme, keinen Widerspruch duldender Stimme seine Söhne herum. Wenn der Papa Porzellan von seinen Söhnen ins Auto umpacken ließ, hörten wir ihn immer kommandieren; schon damals fand ich einen solchen Befehlston übertrieben; ein so schneidendes überlautes Reden übertrieben. Sogar unsern Eltern fiel dieser herrische Befehlston auf, ... und ich habe da noch mal, Jahre nach dem Ende des Hitlerreichs, die Tour dieser Leute im O-Ton gehört, Originalton. Ich hatte da das Klima der Nazi-Zeit. In der Kaiserzeit, noch weiter zurück, wie war es dort gewesen?

Volkmar ist Volksschullehrer in Schönwald geworden, so in etwa das, was sein Vater nicht mehr hatte machen dürfen, und Volkmar lebt in Schönwald heut noch, er hat ein Haus gebaut in derselben Bergsiedlung wie unsere Mutter. Ich hab vor einem Jahr noch mal mit ihm lange telefoniert. Er war da sehr freundlich. Ich solle ihn besuchen, und fast hätte ich ihn noch mal dran erinnert, »gib mir doch wenigstens jetzt den Karl May wieder«. Das verkniff ich mir; jetzt würde er den natürlich nicht mehr haben.

Auch wegen dem Volkmar Wimmer war ich auf den Bernhard Krafft ein bisschen eifersüchtig. Damals war mir das Wort hierbei nicht bewusst. Ich kannte damals durchaus die Vokabel ›*eifersüchtig*‹, aber ich hätte das nie auf solche Jungensbeziehungen angewendet.

Ein Klassenkamerad vom Nils, Karlheinz Kotzian, wohnte mit in der gelben Villa, und der spielte für mich eine Zeitlang eine Rolle; ich war da so acht, der Kotzian sieben. Vor allem durch Nils hörte ich vom Kotzian immer wieder was über die tollen Leistungen der heutigen Menschheit: Es gab Atombomben, es gab super-gigantische Flugzeuge ohne Propeller, und es würde bald noch Unglaublicheres kommen. Ja, Kotzian, der lütte, war für mich eine lebenswichtige und beunruhigende Informationsquelle. Die Atombomben schilderte er mir als baumlang, als einfach irrwitzig groß, schon in nicht-explodiertem Zustand. Die Jungs, die informierten Jungs im besiegten und an vielen Stellen zu einem Trümmerschutthaufen gewordnen Land renommierten mit den Abmessungen einer Atombombe, und sie bauten sich damit vor den ungefähr Gleichaltrigen auf; sie mussten nur so eine Neuigkeit irgendwoher aufgeschnappt haben. Von unserm Vater ließ ich mir dann solche horrenden Dinge bestätigen oder widerlegen, wobei ich manchmal sogar eher die Aussagen meines Vaters für falsch hielt. Auch sagenhafte kaufmännische Tricks deutete der Kotzian uns an. Der Kotzian, vom Aussehen her ein dünnes Bürschchen, ein wendiger Wicht, hat da eine Weile unglaublichen Einfluss auf mich und auf meinen Bruder Nils ausgeübt. Wohingegen dem Rolli der Kotzian gar nicht imponieren konnte. Verschwunden heute der Karlheinz Kotzian.

Apropos, wie der Bernhard Krafft ausgesehen hat: Dafür könnte ich dieselben Wörter verwenden wie für den Kotzian. Dabei sahen die sich nicht im Geringsten ähnlich. Ob heute unter den sieben bis zehn Jahr' alten Jungs immer noch so sehr großgetan wird? Der Bernhard konnte auch maßlos angeben. In Berlin hatte er »direkt am Grunewald gewohnt«, den Satz habe ich noch im Ohr. Nicht nur ein Mal hat er mich damit vollgedröhnt. »Das letzte Haus vorm Grunewald«; suggestive Betonung. Das hatte er 'raus. Grunewald, zugegeben, ist auch eine teure Berliner Gegend; und Bomben sind da keine hingegangen. Ich denke an Bernhards Grunewald-Wohnlage heut noch gar nicht so selten. Wo genau mag er gewohnt haben? Das ist schwer 'rauszukriegen. Ich habe das Grundbuchamt eingeschaltet.

Etwa zwölf Jahre später kam Bernhard noch einmal auf einen Tag nach Schönwald, er besuchte da außer seiner lang gewachsnen und sich selber seit jeher wertvoll vorkommenden Cousine Aythe Eger auch mich, Bernhard kam nämlich mit seiner Verlobten.

Die führte er der Cousine vor und die führte er mir vor. Der Besuch fiel aber, was mich betrifft, recht unpersönlich aus, und die Verlobte sagte kaum einen Piep, sie hatte sich wohl schon bei der Aythe Eger verausgabt.

Dann hörte ich nach fünfunddreißig Jahren – Bernhard war auf einem Schönwalder Klassentreffen gewesen, zu dem ich nicht hingegangen war –: das einzige, was den Bernhard dort interessiert hätte, wär' ich gewesen, »der Ben«. Und genau ich war nicht greifbar. Diese mir dann hinterbrachte Bemerkung Bernhards rührte mich schon. Ein Stachel für mich. Die Streitgründe von einst war'n etwas geschrumpelt. Ich nahm mir vor, den Bernhard zu besuchen. Er wohnte sein Leben lang in Fürth, das ist zehn Kilometer von Haeberlein-Metzger weg. Aber ich besuchte ihn doch noch nicht gleich, und er ist dann bald gestorben, 2003. Leider, leider habe ich ihn nie mehr wegen der Grunewaldhausnummer gesprochen.

Auf einem Klassentreffen, das schon gigantisch lang zurückliegt, traf ich auch den Florian Glaser wieder, noch einen Mitschüler. Über den wurde mir zugeflüstert, der sei total reich geworden. Mich erstaunte schon mal der ehrfurchtsvoll-heimliche Ton, mit dem man mir das anvertraute. In der Schule einst war der Florian Glaser, bald nachdem er angekommen war – Flüchtlingssöhnchen –, bei den Klassenkameraden und bei mir unten durch gewesen. Er war der vollkommne Weichling, Muttersöhnchen in Reinkultur. Und vor allem eines Tages, als der Achtjährige von seinem Sitzplatz bei Schulschluss aufstand, war es da pitschnass. Der hatte eingemacht. Wir und ich trauten unseren Augen nicht. Ich guckte richtig noch mal nach. Die Lehrerin guckte genauso ein zweites Mal nach. Der Florian sagte dazu damals nicht viel, er lächelte etwas verlegen. Für mich war er von da an erledigt.

Die mir jetzt seinen Reichtum zuflüsterten, es war'n gleich mehrere, waren vielleicht taktvoller veranlagt als ich, oder sie waren von dem Reichtum des homo novus eingeschüchtert, die erwähnten die einstige patschnasse, schnell auch riechende Sitzfläche mit keiner Silbe. Vergessen werden sie's so wenig haben wie ich. Einzumachen! Jetzt aber fuhr er einen schweren Mercedes; den hatte er weiter weg geparkt, damit es uns Klassenkameraden nicht so auffiele. Der Florian Glaser, der nie auf einem Gymnasium war, hatte die Aktiengesellschaft *Hegener + Glaser* gegründet und besaß die mit zusammen dem Herrn Hegener. Aktiengesellschaften kann man in Deutschland nur mit sehr viel Geld gründen; das ist noch 'ne Etage höher als 'ne GmbH. Nur wenige Personen schaffen so etwas. *Hegener + Glaser* stellten Schachcomputer her und verkauften die. Ich hörte von Florian Glaser dann, er könne gar nicht Schach spielen. Unsagbar, der Zusammenhang. Und seine weiche Stimme hatte er immer noch. Vielleicht hat er durch die so überwältigend viele Schachcomputerabschlüsse geschafft.

Er war nett zu mir und sagte, klar, ich könne ihn mal besuchen, bei München. Gab mir die Adresse.

Um meine bat er mich nicht. Kleiner, entscheidender Punkt.

Inzwischen weiß ich: der Hosenpisser war nicht aus so gleichgültigem Hause. Unser Mitschüler war kein Homo novus. Jedenfalls nicht der ersten Generation. Vielleicht war sein Vater der Homo novus. Sein Vater – ich sah ihn mal, unscheinbar – war bis zum Kriegsende Intendant des Brüsseler Rundfunks. Also im unterworfenen gegnerischen Ausland. Ein hoher Nazi, das war sein Vater gewesen, an entscheidender Stelle in der hitlerschen Medienindustrie. Mein Vater wusste damals nur, dass Florians Papa Gedichte geschrieben habe. Ha ha. – Ich ließ das schon damals nicht als relevant gelten, ich nahm das schon da nicht für voll.

Und auch ein Mitschüler: einer, der seiner Herkunft nach ebenfalls aus der Bewusstseinsindustrie kam, der Jóachim Pörßel, ein störrischer, eigensinnig-unbelehrbarer Typ aus entsprechendem Elternhause; Flüchtling. Von irgend einer halbchristlichen Sekte, welcher nur? Er kam einmal auf mich zu und sagte mir unvermittelt: »und außerdem, du bist nicht aus Herischdorf, sondern aus Heringsdorf«. Ich widersprach. Er ließ sich da in keiner Weise von abbringen. Ich sei aus Heringsdorf, und das sei an der Ostsee. Die letzte Hälfte stimmte wieder; das ist die trickreiche Methode bei derartigen Rechthabern. Richtig guten Kontakt mit der übrigen Klasse hatte der Jóachim nicht. Und deshalb ist er jetzt schon jahrzehntelang unauffindbar. Ich fasste das beim Klassentreffen ein wenig als Strafe für ihn auf, wegen seiner Heringsdorf-Behauptung.

Wir hatten als Flüchtlinge kein Einkommen. Aber das verspürten wir Kinder nicht weiter. Meine Mutter hatte ganz kurz vor Beginn unserer Flucht so viel in die Kleider und Mäntel von uns an Geldscheinen eingenäht, dass wir die ersten zwei, drei Jahre davon – knapp immer – leben konnten. Als wir Kinder die Sachen auf der Flucht angezogen hatten, ahnten wir von dem Eingenähten gar nichts. Da knisterte auch nichts. Das hätten ja sonst auch die grausam-geldgierigen Erwachsenen gehört. Und, o je, selbst jetzt sträubt sich alles in mir, das von dem Einnähen so hinzuschreiben. Aber schon steht's da.

1945, 1946, 1947 sommers gingen wir oft genug barfuß in die Schule; wie erwähnt, mein Großvater missbilligte das schwer, und ich verachtete ihn in der Hinsicht. Ich fand seine Missbilligung sinnlos und dumm und ging weiter barfuß, und ich war stolz, dass ich herausgefunden hatte, wie man barbs über abgeerntete Felder gehen konnte. Ohne sich zu picken an den Stoppeln. Daran sehe ich, dass ich damals sogar noch in den Herbst hinein barfuß lief. Stolz drauf, Schuhe immer anzuhaben? Lächerlich!

Irgendwie empfand ich Flüchtlingskind stets eine Art Rückhalt ... nicht durch das Leder da unten bei den Füßen, also dort, wo man beinah schon nicht mehr war, sondern durch die Verwandtschaft – ... entfernte Verwandtschaft – mit dem technischen Direktor der Fabriken, dem von den Arbeitern gefürchteten Dr. Martin Bauer.

Onkel Martin, der Bruder vom Ernst Bauer, hat zwar einigermaßen albern auf meine Fehlleistung mit dem altmodischen Gruß reagiert, aber er war kein unbedeutender Mann. Jahrzehnte nach Martins Tod kann jeder im Internet finden, *die Porzellanfabrik Schönwald ist eine der modernsten und führenden Geschirrfabriken der Welt*, und an anderer Stelle im Internet, *die Marken Schönwald und Bauscher sind heute Weltmarktführer für Gastronomieporzellan*. Diese Modernität hat klipp und klar der Onkel Martin in den Fünfziger Jahren zuwege gebracht, mit den Tunnelöfen in der »B«. Martin Bauer setzte die Tunnelöfen durch gegen Widerstände jeder Art. Wichtige und ihm nur wenig in der Hierarchie nachstehende Mitarbeiter boten ihm seinerzeit Widerpart; und auch mit vollkommen anderem hatte er zu kämpfen, so etwa mit immer wieder neuen und gar nicht zu stoppenden Wasserquellen im Baubereich. Über Monate hin ging es nur um die Quellen, ich hör' das noch. Mit den Wasserwiderwärtigkeiten hatte er auch nicht gerechnet.

Tunnelöfen waren andernorts noch beinah nirgends eingerichtet gewesen; er drückte diese Konzeption durch. In Dutzenden von ehemaligen Porzellanstädten ist heute überhaupt keine Porzellanfabrik mehr übriggeblieben.

12. KAPITEL
Das Namensschild in Chicago

Dass wir und auch ich immer ohne Geld waren, war erstens für mich selbstverständlich und zweitens fiel es mir kaum auf. Ein Taschengeld bekamen wir Gölerkinder durchaus nicht; niemals. Unser Vater brachte von der Gegend, wo er zunächst 1946 als ›Heimatvertriebener‹ gelebt hatte, uns Geschwistern Kinder-Roller mit Alu-Rädern mit – und solche Rollerräder hatten damals keine Gummibereifung –, und mit dem Roller raste ich die ziemlich steile Hauptstraße hinunter. Die anderen Jugendlichen hatten keine Roller oder einige nur welche mit Holzrädern, und mit den Holzrädern waren die höchstens halb so schnell. Sie waren auch nicht so souverän krachend-lärmig-laut.

Diese Überlegenheit wurde erst ausgeschaltet, als nach mehreren Jahren die reichen einheimischen Kinder auf einmal richtige Jugendfahrräder hatten. Das war für mich ein wirklicher Einschnitt, ein Erfahrungsknick: Aufgrund von Dingen überlegen zu sein, das konnte nicht dauernd gut gehen. Aber zu dem Zeitpunkt dann hatte ich ja inzwischen mein »Aufschreiben«. Um nichts hätte ich da mit den Reichen-Söhnen tauschen wollen.

Andererseits war ich nicht einer von den Lausejungen, die sich an einen fahrenden Lastwagen hinten dranhängten und bis zur nächsten acht Kilometer entfernten Stadt rollen ließen; das war mir zu gefährlich und zu jämmerlich. Darauf war ich gar nicht erpicht.

Die größte Narbe, die ich körperlich – nicht seelisch – davongetragen habe, ist auch wieder etwas mit den Trampereien gewesen; von einer Messerspitze. Und das war nicht mein Messer. Ich trampte viel nach Italien. Das Land, stellte ich langsam fest, war ja doch nicht abgegrast. An vielen Stellen nein. Insgesamt habe ich mich so neun Monate in Italien herumbewegt. Gerade bei diesen Italien-Tramps war ich die ganze Zeit mit Menschen zusammen. Und ein Mal bin ich korrekt nach Sizilien übergesetzt; bei Schiffen und Schiffsfähren schaffte ich es nicht, »zu trampen«. Das ist da nicht möglich; aus dem Wasser heraus konnte ich ja nicht winken. Auf sizilianischem Boden war ich dann weitergetrampt bis Gela. Bei Gela fing man damals an, Erdöl zu fördern, man hatte das neu entdeckt, und ich wohnte bei einem leitenden Ingenieur der Erdölförderung. Der hatte mich ein halbes Jahr vorher beim Trampen in der Gegend von Neapel aufgelesen. Er dachte, ich wäre homosexuell – so wie er selber –, und als er nun erlebte, dass ich das nicht bin, wohnte ich drei Wochen bei seinem ersten Assistenten. In diesen Wochen lernte ich am Strand eine junge Italienerin kennen. Damals waren dort am Meer absolut nur Einheimische. Ippolita brachte mich auch zu ihren Eltern, und nun musste ich kapieren, dass es die Tochter eines Polizisten war. Fakt!

An einem Tage war ich zusammen mit Ippolita wieder mal unter lauter Gleichaltrigen, und es entstand urplötzlich ein Streit; dann stockte aber der Streit, ich weiß heut noch nicht, warum. Ich hörte mindestens zweimal »coltello«; das bedeutet immerhin, *Messer*. Ein Junge sagte rasend schnell in schlechtestem Englisch zu mir, »willst du noch rechtzeitig zum Dottore gebracht werden?«, ich drehte mich zu dem Frager um und zugleich rammte mir ein andrer Kerl ein Taschenmesser ein bisschen hinten in den Hals. Der, der so zustach, befand sich in der Menschentraube halb jetzt hinter mir. Dass ich nicht tot umfiel, sondern das heute noch mitteilen kann, liegt nur daran, dass ein Dritter mich gleichzeitig zu sich heranriss und ein vierter den Taschenmesserhelden von mir wegstieß. Andernfalls wär' wohl der Stich viel tiefer gegangen, und aus.

Der gestochen hatte, das war halt ein eifersüchtiger Alphamann. Auf Sizilien! Ich hatte irrsinnige Schmerzen, wurde dann aber ganz schnell zu einem Arzt hin begleitet – nicht von dem Typ, der mich das gefragt hatte –, der Arzt versorgte mich gut, und die Sache heilte allmählich. Damals wirkten auch Antibiotika-Arzneimittel besonders. Penicillin. Denn es gab noch nicht so viel resistente Bakterienstämme.

Wochen später habe ich dann über die Stecherei mit allen möglichen Italienern gewaaft. Debattiert. Da kriegte man die seltsamsten Fragen zu hören.

»Haben Sie noch mit diesem Junge später gesprochen?«

»Bekam er Konsequenzen für seine Tat? Wegen der ganzer Geschichte mit dem Messer? Waffenbesitz, nicht?«

Mit dem Jungen hab ich nicht mehr gesprochen. Kein Bedarf. Und überhaupt, der Vorfall wurde danach weitgehend niedergeschlagen. In Sizilien ist ja auch die Mafia präsent, das heißt die Cosa Nostra, zu deutsch Unsere Sache. Mir war damals ziemlich egal, was weiter mit dem Jungen würde, ich war vor allem froh, dass die Wunde heilte.

Mit dem Pfadfinder Pit Lange, der nicht Wandervogel, sondern Pfadfinder war – und die Pfadfinder rechneten wir einer schlichteren, bescheidneren Gattung zu –, trampte ich in den Sommerferien nach Norwegen. Dieser mit mir gleichaltrige Pit hielt von mir große Stücke. Einmal kam mir da zu Ohren, wie dessen Mutter zu dem Lieblingssohn Pit sagte: »Immer hast du keine Zeit bei mir. Und wenn aber der Ben nur einmal anruft, dann bist du für den sofort da! Bei dem kannst du immer. Das ist schon allerhand.«

Solche Ausbrüche erfährt man nicht so schnell. Und es zählt doppelt, wenn man sie indirekt erfährt, hintenherum; dann ist es nämlich auf keinen Fall geschönt oder beabsichtigt. Kommt in einem Leben einige wenige Male vor. Oder kein Mal.

Mit Pits Mutter hatte ich aber ebenfalls ein sehr gutes Verhältnis. Die erlebte ich als komplett anders, wenn ich sie mit meiner Mutter verglich.

Seine Mutter war übrigens nichts Besondres und ging ihrem wohlbeleibten Ehemann eisekalt fremd. Der Ehegatte sprach dann mit ihr wochenlang kein Wort. Das war jedes Mal dessen Rache. Mehrwochenlang nicht, einen Monat lang nicht. So klatschte mir ihr und sein Sohn Pit. Der seinerseits war oder wurde ein vorsichtiger Mensch, Pit drehte ja auch bei unserm Balkan-Trip bald um. Ein taktvoller Zeitgenosse; einigermaßen gesittet sogar als Linksaußen-Lehrer dann, abgesehen mal davon, dass er später seine erste Ehefrau betrog. Die zweite Lebenspartnerin nahm ihn gleich strenger an die Kandare.

Und ich wurde jetzt langsam Journalist, mit Option Poet trotzdem, in Köln.

Ich bin also nicht bloß in den Wald, sondern auch zum Beispiel in die Schule gegangen. Seit 1794 quasi hätte ich das tun müssen, denn seit dem Jahr 1794 hatte Preußen Schulpflicht eingeführt.

Ostern, fünfeinhalb Jahre ich alt, kam ich noch in Herischdorf mit der Schultüte in die Volksschule. Herischdorf gehörte zu Schlesien, Schlesien gehörte zu Preußen. Nach dem Rückweg am ersten Schultag wurde ich vor unserm Haus ein paarmal fotografiert; auch *die* Fotos gibt's noch. Ich schneeweiß angezogen, mit hellblonden Haar'n, neben einem großen Kokshaufen, schwarz. Rabenschwarz der Kokshaufen; mein Vater hatte gerade Koks für den kriegswichtigen Betrieb seiner Süßmosterei geliefert bekommen; in Wahrheit ja nur für das Heizen des Wohnhauses, in der Süßmosterei brauchte unser Vater nichts zu beheizen. Die Fotos beweisen's: ich war hellblond. In Bayern muss ich dann bald dunkelblond gewesen sein.

Ich glaub' das Hellblond heut noch nicht ganz. Aber die Fotos … Und nur die Ellen blieb von uns Geschwistern hellblond, sie mindestens bis fünfundzwanzig; komisch, wie sie das machte. Natürlich schallte mir von allen Seiten entgegen, »Erbgut«, »Erbgut! Gene«, »Erbgut, Gene, Genom!« Die verschiedensten Afrikastämmigen, Westafrikaner, US-Afrikaner, waren wie betrunken hinter ihr her. Hat Ellen mir erzählt, das denn doch erzählt. Andrerseits, Ellen ist ja mit ihrem Existenzzentrum Kreta denkbar nahe an Afrika vor Anker gegangen.

Ich verfasste als Journalist nicht nur Buchbesprechungen – zum Beispiel zu *Virginia Hill, Memoiren einer Gangsterbraut* –, sondern Reportagen, zum Beispiel über das tatsächliche Architektur-Studieren in jenen Jahren. Oder über Wegwerfarchitektur (Erwin Mühlestein), und ich interviewte eingehend dazu jedes Mal hochrangige Persönlichkeiten. Vom WDR wurde ich zu den DDR-Arbeiterfestspielen nach Schwerin geschickt, damit ich über die ganz nach meinem wirklichen Eindruck berichtete. Alle Geldausgaben wurden mir dann als Spesen bezahlt, vom Rundfunk. Das war ich bisher nicht gewöhnt, und ich merkte, wie mich die hochrangigen Gesprächspartner hofierten, wenn ich sagte, »ich komme vom WDR«, oder wenn ich sagte, »ich mache für Die Zeit eine Reportage«. Die DDR-Reportage habe ich an insgesamt drei Rundfunkanstalten verkauft. Das verplauderte ich wiederum nicht. Nach fünfzig Jahren hört nun das Verheimlichen auf, und der Umschwung gehört mit zum Märchenhaften.

Damals schrieb ich auch schon Buchbesprechungen für die FAZ – für den Literaturchef Karl Heinz

Bohrer –, die FAZ wurde von vielen gerade in den Jahren als eine besondere Tageszeitung angesehn.

So ging das zwischen 1969 und 1975.

Immerfort nur geschrieben habe ich auch nicht. Von den Beatniks ist es für mich nicht so ganz weit zu den Beatles gewesen. Das war nun nicht Literatur. Da gab es in Köln eine Pinte, auf der Roonstraße am Barbarossaplatz, Lords Inn, die brachte ganz zeitig ab 1964 Songs und Musik der Beatles. Folglich tanzten wir, meine Partnerin Brigitte Friedrich und ich, wöchentlich – oft täglich – zu dieser neuen seltsamen Musik. Aberdutzende waren um uns herum; in engster Umgebung tanzten wir und die halbe Nacht. Fünf Jahre später kam die Pinte ›Ladies Inn‹ dazu. Nun war diese Musik schon nicht mehr so seltsam. Bewegungsfreiheit in dieser Pinte: kaum was.

Noch weniger Platz beim Tanzen war zuvor in dem einzigen Studentenkeller, dem Ohlshausen gewesen. Ohlshausen vergisst von den Damaligen keiner, der heut noch am Leben ist. »Jazz for Dancing«. Im Ohlshausen trat man sich wirklich oft auf die Füße vor Enge; es gibt niemanden, der das nicht miterduldet hat, und etwa bei den winzigen Pfennigabsätzen mancher Studentinnen konnte das wahnsinns-weh tun. Brigitte Friedrich war manchmal wochenlang lädiert. Da zeigten sich die besonders Rücksichtslosen. Aber wahrscheinlich hat jeder auch anderen bei der Enge und bei dem heftigen Tanzen, damals im Ohlshausen immer noch Paartanzen, Mitstudenten auf die Hacke getreten. Jeder also rücksichtslos?

In die Wade getreten, auf den Spann. Plötzlich in einer besondren Umgebung erweist sich etwas.

Ohlshausen war nicht einfach ein gewöhnlicher Keller, sondern da stieg man zwei Keller tief in einen noch tieferen Keller hinab. Das gab der ganzen Tanzerei eine zusätzliche Note. Aber ab 1965 wurde das Jazz for Dancing von den Beatles überholt.

Bei den Vorbereitungen für öffentliche Literaturdiskussionen und -lesungen, immer für Schriftstellerkollegen, bin ich ganz schön durch Köln geirrt. Ich musste ja Werbung machen, damit nur bloß genug Publikum kam. Ohne Publikum mauerten die geldgebenden Institutionen, und wovon dann meine Wohnungsmiete bezahlen? Also ich war schon unter Druck. Ich legte meine ankündigenden *Literatur-aktuell*-Flyer in der Universität aus und heftete hier Plakate an, genauso in Gymnasien. Bei den Landstädten auch in den Grundschulen, Brühl, Pulheim, Hürth, Wesseling, Bad Münstereifel, Hilden, Haan, nämlich hier für die Lehrerinnen, die Lehrer, und in den Landstädten legte ich sogar in allen Bäckereien und Metzgereien Handzettel aus. Da musste ich erst die Inhaber überzeugen, dass die Zettel auf dem Ladentisch nicht sofort nach Ladenschluss wieder vernichtet wurden. Metzgereien: auch hier legte ich Programmflyer aus, denn hier kommen mehr Leute hin als zu Buchhandlungen. Die Tageszeitungen forstete ich systematisch durch: wo konnte ich Firmen sinnvoll bewerben – dass von denen jemand als Zuhörer kam –. Und dabei fiel mir eines Tages eine Todesanzeige auf, gewaltig groß. Eine zweite Todesanzeige zu dem gleichen Menschen am Tag danach, womöglich noch dominierender, aggressiver. Der Tote nur mit Vornamen benannt, Bernd. Die trauernd Hinterbliebenen: nur lauter Vornamen; Dutzende. Das machte mich sehr neugierig und bei der zweiten Anzeige tags drauf rasend neugierig. Ich beschloss, mich da mit einzufinden. Ja, ich ging hin, Friedhof Melaten. Ein heißer Julitag. Und weil ich ganz zuletzt noch einen flotteren Literatur-aktuell-Hörer angerufen und den um Rat gefragt hatte, rechnete ich jetzt damit, hier würde das Rotlichtmilieu versammelt sein. Ich dachte: kann nicht schaden, wenn ich ein paar Eindrücke sammle, ich will ja schreiben. Jedenfalls sah ich an dem bratendheißen Tag nicht richtig nach einem Trauernden aus; ich hatte zum Beispiel oben nur ein T-Shirt an. Um mich herum waren lauter korrekt und schwer teuer gekleidete Typen. Manche mit schwarzem steifen Hut. Die Gesichter verrieten einem freilich das Milieu.

Nicht nur genau ich war als Außenseiter da, sondern die ausgefallenen Todesanzeigen hatten noch ein paar angelockt. Kriminalbeamte in Zivil. Und es standen keineswegs lauter Rotlichtvertreter, -vertreterinnen herum, vielmehr überhaupt Schwerkriminelle; die Polizei nahm ihre Riesenchance wahr und fotografierte. Sie fotografierte wie wilde. Ein Foto wurde wenigstens dreimal in den nächsten fünfundzwanzig Jahren vom Kölner Stadt-Anzeiger groß gebracht. Es ist kein Foto des Stadt-Anzeigers, sondern der Polizei. Ich bin da einen Schritt weit vor einer der makabersten Kölner Gestalten mit abgelichtet, vor *Schäfers Naas*. Den kannte ich ja bis zur Beerdigung nicht. ›Chicago am Rhein‹. Die Naas hatte einen Schlips an, sehr viele hatten Schlips, einige hatten eine Fliege um, die Naas trug im schwarzen und zugeknöpften Jackett oben noch ein Kavalierstüchelchen. Viele hatten eine Sonnenbrille. Ziemlich helle Sonnenbrillen. Die Naas war also top gekleidet, ... hatte aber eine glimmende Zigarette in der Hand, auf der Beerdigung!

Mein T-Shirt-Aufzug stach da schon gegen die Phalanx ab. Langsam fing ich an, mit der ganzen Bagage klarzukommen. Und ich konnte auch einen Ertrag verbuchen. Diesen:

rechts 'ne Eiche,
links 'ne Eiche,
in der Mitte liegt die Leiche.

Wobei das ja noch doppelsinnig sein kann. Leiche im Sarg? Oder eine frischgemordete Leiche?

Schäfers Naas ist einen Kopf größer als ich gewesen. Auf dem mehrere Male gedruckten Foto der Bullen sieht's so aus, als würden Schäfers Naas und mindestens drei weitere eindeutig Kriminelle von hinten-seitlich her haargenau mich anvisieren. Aber, Leute, das täuscht im Foto! Und wenn es auch vier waren, sie fixierten so stechend nicht mich, sondern den Sarg.

Ich schaute mich genauer auf der Beerdigung um, trat einmal hier hin, einmal da hin und entdeckte einen mir bekannten Menschen, das war die Anne Dorn. Die nicht ganz unbekannte Schriftstellerin. Aha. Hier du! Und ich war tief befriedigt, dass ich mich in der Anne Dorn doch nicht so ganz getäuscht hatte. Ich schlängelte mich zu ihr durch, sie stand weit hinten, wir begrüßten uns freudig; ich, weil ich mir nicht mehr so isoliert und verboten hier vorkommen musste; sie – warum sie freudig, weiß ich nicht. Und ich kitzelte peu à peu und genüsslich aus ihr 'raus: Sie sei auch durch die Zeitungsanzeige auf die Beerdigung aufmerksam geworden. Nur durch die Anzeige. Ja sie habe den nun Beerdigten ein ganz klein, ganz klein wenig gekannt, aber nur ein bisschen. Ja der sei so was … Zuhälter gewesen und habe sie immer in dies Fach 'reinzuziehen versucht. Fach! O.k., sie kenne auch ein paar weitere hier, von ferne. Eigentlich nur dem Namen nach.

Die Hälfte von allem gelogen, dachte ich dauernd. Anne Dorn war, bevor sie nach Köln gezogen war, am Theater der Stadt Kleve angestellt gewesen, Kostümbildnerin, aber in Kleef war sie dann zu bekannt geworden, und sie war lieber nach Köln gewechselt. Ich dachte dauernd an ein Telefongespräch, das ich mal mit ihr geführt hatte, »Ben! Ich bin jetzt grade in der Badewanne. Ich bin splitternackt, weißt du, und steh jetzt so da, in der Wanne. Nackicht, ja du hast mich …, du hast mich grade jetzt erwischt, und ich bin hier –«; von Plätschern hatte ich durchs Telefon gar nichts gehört. Seit dem Badetag war ich mit meinen Anne-Dorn-Telefonaten sparsamer geworden. Geschmackssache.

Wenn jemand nun glaubt, mit dem Foto in der Tageszeitung habe es somit sein Bewenden gehabt, ist der schief gewickelt. Nein, ich bin daraufhin jedes Mal mehrfach angerufen worden; durch die Literatur-aktuell-Veranstaltungen wussten inzwischen viele, wie ich aussah, »du bist ja da auf dem Foto, Ben. Wie kommt das denn?«, »Warum du denn?«, »Erzähl doch mal?« Nun, klar, als Journalist hat man solche Sachen an der Backe.

In den Verband deutscher Schriftsteller trat ich außerdem noch ein, heute ist es die Gewerkschaft *ver:di, Fachgruppe 8*, oder neumodischer und auch nicht viel besser, der *Verband deutscher Schriftstellerinnen und Schriftsteller*; in Kürze wird es der Fachbereich A sein. Ich fühle mich da inzwischen beheimatet, obwohl mir manches nicht passt. In diesem Verband gab's auch den Max von der Grün. Er war als Kind in Schönwald aufgewachsen; das erzählte er mir einmal, der Bergmannschriftsteller. Und bald nach dem zweiten Weltkrieg hatte Max in Chicago einen von der Borch getroffen. In einem »sehr vornehmen Stadtteil«, wie Max vor mir betonte.

Dieser von der Borch war der jüngere Bruder des Alhards und war in der Hitlerzeit in die USA ausgewandert. Von der Grüns Tante hatte jahrelang vorher bei Borchs gedienert gehabt. Anders hätte Max auch gar nicht das, wie Max mir noch einmal gesagt hat, besonders wertvolle Namensschild an dem Borchschen Chicagoer Anwesen entdecken können.

Noch von – egal, welcher! – anderer Seite weiß ich, dass Carl-Otto sich dauernd zu viel Personal leistete, in Zeiten, als es dem Carl-Otto überhaupt nicht gut ging. Wirtschaftlich nicht gut ging. Noschs Großpapá hielt sich da immer noch einen persönlichen Diener, und der Diener musste darüber hinaus noch einen Burschen haben; Carl-Otto beschäftigte eine Köchin, die Köchin musste eine Hilfsköchin haben, ein Kindermädchen musste es geben und einen Haufen weitres Personal. Dass Carl-Otto fünfundsiebzig Jahre alt wurde und nicht die Spur von Demenz aufwies, lag – woran? Einfach daran, dass er sich so viele Dienstbolzen-Vornamen flüssig merken musste.

Von dem jüngeren Alhard-Bruder stammen die Klamotten, die Nosch früh bis zu dem Gebüsch hin erst einmal anzog und die sie dann in die Schultasche wegpackte. Wegen der Anziehsachen des adligen Onkels, der ins demokratischere Amerika ausgewichen war, hat die Nosch all ihren Stress als kleines Mädel gehabt. Aber ohne dass dieser Chicagoer Onkel es ahnte, unterstützte der ja damit Noschs Trotz. Noschs Eigensinn. Er lieferte das Material dafür.

Jedes Jahr, wenn ich auf der Tagung des Schriftstellerverbands mit dem Max von der Grün sprach, fiel mir sein Chicago, fielen mir jener Nora'sche Onkel und die Chicagoer fremdmodischen Klamotten ein, derentwegen Nosch sich tagtäglich frühmorgens und mittags umgekleidet gehabt hatte. Jener Schnipsel aus Noschs Leben, das winzige, akzidentelle Ereignis; … und das kleine Schulmädel hatte ja nichts anderes getan, als die Sichtbarkeit einiger für sie wichtiger Sachen auszulöschen. Sie dachte sich Fehlinformationen aus. Schwindel? Ach Gott.

Und das nicht etwa ein Mal, sondern sie betrieb das eben die ganze restliche Schulzeit, immerhin sechs Jahre lang. Täglich, zumindest schultag-täglich, also sechsmal in einer Woche, wir sind in den Fünfzigerjahren. Da gab es so viele Schultage. Zog die sich ohne Ende im Wald um! Im Gesträuch, im Waldgebüsch, und sogar an den verregneten Tagen. An eisigen Tagen im Winter sowieso, das war noch weniger schlimm, aber kalt-regnerischen Tagen; gejagt immer von der Vorstellung, dass andernfalls die Altersgenossinnen sie ablehnten. Einzige Ausnahme dabei meine Schwester. Hundertmal lieber die tägliche Schlepperei der jeweils nicht gebrauchten Kleidungsstücke. Beim Übern-Kopf-Ziehen wurde das Haar, das früh soeben gekämmte, wieder verhuschelt, egal; die falschen Klamotten, die amerikanischen, nur weg und ausgezogen und in die gewohnt-hiesigen 'rein, die Eltern zu Hause durften das auch nach sechs Jahren noch nicht merken; nie eben. Ellen sagte mir, Nosch habe schließlich ein klein bisschen bedauert, dass Nosch der Ellen das gestanden hätte; aber na ja.

Nosch habe gemerkt, dass Nosch das sonst vielleicht nicht ausgehalten hätte. Und, nein, niemand außer eben Ellen – die Nosch auch nicht enttäuschen wollte – durfte von dem Ganzen was wissen. Vertuschen, Verunklären waren angesagt, die Umprudelei musste nicht nur aus Schamgründen, sondern wegen der beabsichtigten Wirkung unsichtbar bleiben. Die viele Schufterei, nur damit es so aussah, als ob sich gar nichts ereignet hätte. Der Nosch sei das, sagt Ellen, selber gelegentlich mal komisch vorgekommen.

13. KAPITEL
Korrekte Herren und inkorrekte Herren

Einer von Rollis und damit auch meinen Spielkameraden aus dem Schloss war der Reinhard Herzog. Der ist dann Offizier geworden und stieg ziemlich hoch auf, bis zum Brigadegeneral der Bundeswehr. Wieder nichts zum Sich-Identifizieren für die Leser dieses Abschnitts. Denn welcher Leser möchte der höchste Militärpolizist der Bundeswehr sein? Ich habe Reinhard, als er und seine Frau vierundsechzig Jahre alt waren, ein Mal besucht, 2005. Und wieso war er so hoch aufgestiegen? Wieso die steile Karriere? Rolli brachte ihn aus seiner Klasse ein paarmal mit zu uns nach Hause. Unser Vater nahm sich des Jungen an. Reinhards Vater war, samt Familie, nicht 1945 geflohen, sondern langte aus der schlesischen Porzellanstadt Waldenburg erst 1948 in Schönwald an. Spätaussiedler. Unser Vater kümmerte sich um den Jungen, er erklärte dem viel, alles so wie bei uns Söhnen, nur dass er den fremden Jungen nicht anpläkte und den nicht verdrosch. Reinhard gab zu so Zornausbrüchen aber auch keinen Anlass; der nahm alles brav auf. Er war der Sohn eines Porzellanfacharbeiters. Mir kam Reinhard immer als ein »Weicher« vor. Konfrontationen wich er aus, aggressiv war er nie. Auch schulisch ebnete unser Vater ihm die Wege; er legte Reinhards ehrgeiziger Mutter nahe, den Sohn ab der fünften Klasse in die höhere Schule zu geben. Immer erneut unterhielt sich mein Vater mit dem Reinhard, und dabei war alles ohne Strenge, ohne Hervorkehren von Autorität. Reinhard hatte zu unserem Vater ein ganz lockeres normales Verhältnis. Er lernte unseren Vater zu nehmen und lernte als zehnjähriger Junge, wie mit einem Angehörigen einer anderen Gesellschaftsklasse umzugehen sei. Gleichzeitig hatte er weiter sein gutes Verhältnis zum eigenen durchaus strengeren Vater und wusste er, wie er sich dem gegenüber zu verhalten hatte. Er lernte von früh an, sich gleichzeitig mit Vertretern zweier Milieus zu verständigen. Einmal war ich dabei, wie sein Vater ihn anrief: »Werd ja nich' pampig!«

Ich dachte: Und jetzt knallt's. Reinhard hingegen ... sagte geschickt darauf ein versöhnliches Wort.

Reinhard kam in Selb auf die höhere Schule und wurde dort immer zum Klassensprecher gewählt; wurde dann auch Schulsprecher, er machte es also genau richtig mit seinesgleichen. Nach dem Abi wollte ihn ein reich gewordener Onkel in dessen Möbelcenter in Nürnberg haben. Reinhard meinte zu dem und meinte auch zu mir: »Eventuell. Ich muss mir's noch überlegen.« Nein, er wurde aber Berufsoffizier. Dass er sich in zwei Schichten so sicher bewegte, das nützte ihm im Offiziersmilieu und zugleich in der Truppe bei den einfachen Wehrpflichtigen; er hatte hier wie da seine Erfolge. Geheiratet hat Reinhard dann eine Adlige. Und er wurde der höchste Militärpolizist der Bundeswehr. Mein Vater hat nirgendwo so viel bleibenden Einfluss hinterlassen wie bei diesem einst schlaksigen, nichtssagend-anpassungsfähigen Jungen.

Unser Vater erlebte das nur alles nicht mehr; 1954 war Reinhard noch in der zweituntersten Klasse der Selber Oberschule.

Ich habe 1993 vom Reinhard einen Täbris-Teppich geschenkt bekommen. Den Teppich habe ich 2020 dann entsorgt. Reinhard war 1993 mehrere Monate in Berlin: Ihm oblag 's damals, bisherige Volksarmeeoffiziere zu beurteilen. War es jeweils ratsam, deren Wunsch, in die Bundeswehr übernommen zu werden, zu entsprechen? Die NVA-Offiziere wollten in die bisher von ihnen als feindlich dargestellte Truppe. Fast alle Bewerber lehnte Reinhard ab. Der Jugendfreund Reinhard offenbarte mir das. Ich durchschaute ihn da als unerreicht-cool.

Er sagte: die hätten ja immer noch die alten Sprüche drauf. »Mauer; der antikapitalistische Schutzwall«.

Unser Vater erlebte das alles längst nicht mehr, aber den Reinhard hatte mein Vater so hingekriegt.

Mein Vater hatte von Plettenberg her, in das er 1946 ausgewiesen worden war, Unmengen von Werkzeug mitgebracht, zehn Hämmer, zwölf Kombizangen, ein Schusterdreibein, Drillbohrer mehrere, verschiedene Sägen, einen Franzosen. Hunderte Handwerkzeuge. Schrauben aller Art. Dreitausend Nägel. Er hoffte auch, das bald nach einer Währungsreform zu verkaufen und so die Effekte einer Geldentwertung aushebeln zu können. Aber er schaffte es nach dem säkularen Tag, dem zwanzigsten Juni 48, doch nicht, wegen einer Ahle oder einem Hammer einen einzigen potentiellen Käufer anzusprechen. Folglich verkaufte er auch nicht ein Stück.

Als Dr. med. Städtler mir den Tod unsres Vaters mitteilen kam, heulte ich nach einem Moment auf, ich konnte nicht anders. Und gleichzeitig fiel mir aber ein – ich heulte wie ein Schlosshund –, jetzt käme ich doch an all das Handwerkszeug heran. Den Gedanken nahm ich mir selber auch postwendend übel. Ich habe ihn folglich niemandem all die Jahrzehnte erzählt.

Ein Gedanke lässt sich natürlich nicht wegwischen. Bisher hatte ich an Vieles nicht herangedurft. Ich hatte vom Papá nur beigebracht bekommen, richtig damit und flott damit umzugehen. Fahrräder, Schränke, Schreibmaschinen, Schuppen zu reparieren. Nun wanderte das meiste in meinen Besitz, die Schwestern interessierten sich nicht so dafür. Meine Brüder … auch nicht so. Und nach siebenundsechzig Jahren überleg ich mir schon manchmal, soll ich mich von all dem Eisenzeug, das viel Platz verbraucht, trennen? Weit mehr hatte ich damit hantiert, als es mir noch nicht selber gehörte.

Unser Vater kannte somit, wie zu sehn, auch anderes, neben dem Religiösen. Nur ein Verkaufsgenie war er nicht.

2001 wurde mir für ein halbes Jahr das literarische Stadtschreiberstipendium von Minden zuerkannt. Erfreulich. Soviel wie ein Literaturpreis. Tausend Mark monatlich als Zugabe. Ich bewohnte eine kleine, modern und doch schnuckelig eingerichtete Wohnung zentral in der hoch gelegenen Altstadt von Minden, Miete übernahm das Vergabegremium. Nun lernte ich so einige unverwechselbare Leute kennen. Ein CDU-Bundestagsabgeordneter, in Minden mit Direktmandat gewählt, war der interessanteste, jedenfalls der höchstrangige. Steffen Kampeter. Herr Kampeter bat mich in einem tadellosen Brief um eine Begegnung; »zum Beispiel in dem Café Wahlen bei einem Frühstück« – für das er aufkommen wolle –.

Er meinte im Café Wahlen zu mir, Politik und Literatur, »die Exponenten der einen und der anderen Seite«, hätten sich bestimmt viel zu sagen und sollten sich doch einmal gedanklich austauschen. Wir fingen gleich an, uns ein wenig auszutauschen. Kampeter stieg ein Jahr nach unserem Treff zum Finanzexperten der gesamten Bundes-CDU auf. Noch etwas später wurde er Staatssekretär im Bundesfinanzministerium; ein Spitzenjob. Während unseres Frühstücks lernte ich ihn als schon gut gebildeten Mann kennen, ganz eindeutig aber als einen Ehrgeizling. Alles bloß um des klaren unbedingten konkretesten Erfolges willen zu machen. Das heißt: die jeweiligen Sachen juckten ihn eigentlich gar nicht. Nur die Belohnung interessierte ihn, der Karriereschritt.

Herr Kampeter sagte mir mit gefülltem Bauch zum Schluss, dass wir unsere Treffs noch weiter fortsetzen müssten. Ich stimmte ihm lebhaft zu – und es kam genau so, wie ich mir das, während er es aussprach, dachte: Es passierte nichts. Ich habe den Mann seit dem Frühstück nie mehr gesehen. Ich hab nichts mehr persönlich von ihm gehört. Er ist jetzt Hauptgeschäftsführer der Bundesvereinigung der Deutschen Arbeitgeberverbände, der mächtigen Institution. Er ist ununterbrochen die Treppe hinaufgefallen. Aber endlich einmal so einen Menschen direkt kennengelernt zu haben, das gibt einem doch was.

Wieso mir das begehrte Stipendium überhaupt zuteil wurde – *Stadtschreiber* ein halbes Jahr –, ist womöglich noch interessanter als das Stipendium selber. Es lag jedenfalls klipp und klar an der Zenzi. Die Zenzi war eine alte Dame, sie war die Frau des letzten Chefs der Bezirksregierung der Lippeschen Lande. Die Lippeschen Lande hatten sich dem Bundesland Nordrhein-Westfalen 1947 noch angeschlossen, auf den Autokennzeichen ist im Wappen von NRW die Rose das Emblem dafür, dass die Lippe hier dazugehört. Zenzi hat ihren hochangesehenen und uneigennützigen Ehemann – der ihr 1943 in letzter Sekunde das Leben schlankweg gerettet hat – lange überlebt. Zenzi ist auch mit den beiden von der Ropps, bei denen ich während der jährlichen »Kogge«-Zusammenkünfte immer wohne, befreundet gewesen, und so wurde ich der Zenzi vorgestellt. Ich brauchte bei ihr nicht viel zu reden; die Sympathie war von ihrer und von meiner Seite sofort da, und auf einem Geburtstagsessen 2000, zu dem, mit den von der Ropps, auch ich eingeladen war, schlug Zenzi dann mittendrin einmal mit dem Besteckmesser an ihr Weinglas; mit diesem klirrenden Ton verschaffte sie sich Ruhe für das, was sie sagen wollte. Wie üblich. Mit zugegen war der Dr. Gerd Voswinkel, er war der Initiator und Juryvorstand der Stadtschreibervergabe, und Zenzi empfahl in einer durchaus kurzen Rede, einer tadellosen und selbstsicheren Rede, als nächsten von der Jury zu wählenden Kandidaten den Ben Göler. Alles bei ihr klang plausibel und einleuchtend, es war nichts von Eifern dabei; Zenzi hatte solche Verkrampftheit nicht nötig. Zenzi war Jüdin, das wusste ich aber damals nicht. Und weil Voswinkels, Herr und Frau, von der Zenzi sowieso angetan waren, drückte Dr. Voswinkel dann mich in der Jurysitzung durch. Jetzt, in Gegenwart der Zenzi, sagte er weiter nichts.

Mittag aß ich in der Mindener Zeit immer im *Prinzen Friedrich*, einem Restaurant, im Park gelegen, Restaurant, das wenige Jahre vorher von den englischen Besatzungstruppen geräumt worden war; die Engländer hatten das als Offizierscasino gehabt. Die Mindener Bevölkerung hatte die Räumung noch gar nicht so geschnallt; deshalb war das Essen erschwinglich im Preis.

Ganz gelegentlich, selten, war ich auch mal in andern Lokalen. Einmal trank ich nachmittags um drei etwas in einer Italo-Kneipe. Da kam dann jemand vom Gewerbeamt herein; der sagte zum Wirt, er wolle sich mal umschauen. Ich war um die Zeit der einzige Gast.

Der Kontrolleur sah gar nicht nach dem Bierausschank und nicht, ob da die Spitze des Zapfhahns oxydiert war – das soll die nicht sein –. Er war länger mit hinter der Theke, zusammen mit dem Wirt; dort hat er wohl die Unterlagen zur Buchführung begutachtet und, ob der Wirt Mitarbeiterschulungen zur Personalhygiene durchführte. Freilich schien mir der Wirt weiter gar keine Mitarbeiter zu haben. Der Prüfer schaute nicht in den Kühlschrank, ob da Hackfleisch lag. Gehacktes sollen die Gastwirte nicht aufheben. Genauso ließ der Beamte die Fritteuse unbeachtet, egal ob in der das Fett drin oft genug gefiltert wurde oder ob nicht. Auf mich sah der Prüfer auch nicht – na klar. War er nicht sowieso auf meiner Seite? Alles zum Wohle des Gastes. Ich kam mir da ganz eigentümlich vor. Er ging dann nur mit dem wortkarg werdenden Wirt »die Toiletten inspizieren«, wie ich deutlich sagen hörte und hören sollte. Vermutlich, ob da eine Mausefalle aufgestellt ist, wenn schon im Küchenbereich keine ist. Der arme Kneipier. Nachher isst so ein Kontrolleur vom Gewerbeamt »noch 'ne Kleinigkeit. Nur ganz wenig. Ja. Von dem Fleisch auch«. Er ließ sich außerdem noch mal neu geben. Allerdings vom Gewerbeaufsichtsamt die Kontrollpersonen sollen nichts in den zu visitierenden Lokalen essen. Proben nehmen, ja. Die Kontrollierenden kommen auch nicht in einer extraordinär teuren, grau-metallic lackierten Daimlerchaise, A-Klasse, vorgefahren. Ich hatte durch die halb offen stehende Lokaltür die Amtsperson aussteigen sehen; jetzt als ich die Italienerpinte verließ, erfasste ich erst, wie dimensioniert der glänzendgraue Schlitten war. Und so ein Mensch muss dann eigens in die Toilette – weil ein Gast im Lokal ist –, um dort endlich die Schutzgeldsumme einzustreichen. Noch nie hatte ich einen kriminellen Akt so hautnah erlebt. Ich berichtete dem Herrn Voswinkel die Erpresser-Sache und, dass ich das hier auf einer Polizeistation denn doch gleich erwähnen würde, ... im Handumdrehen war das gute Einvernehmen zwischen uns hin, mein Gönner giftete mich an. Ich brächte das Stipendium in Verruf und brächte sogar ihn mit in Gefahr. Warum ich mich nur darüber äußern müsse. Ganz kalt schaute er mich an. Wie so die Menschen überraschend reagieren.

Und ein anderer guter Bekannter, Geschäftsmann, dem ich am Telefon berichtete hatte und der mich jetzt nach drei Wochen mehrere Male hintereinander nicht erreichte, argwöhnte, ich sei wirklich ein Opfer des organisierten Verbrechens geworden, und machte bei allen möglichen Freunden von mir Dreiviertels-Panik. Das Leben geht an dieser Provinzstadt Minden und an mir mitnichten vorbei.

Allerhand Publizität hatte ich dann im Großraum Köln. Und auch eine Vorladung bei der Polizei Berlin Flughafen Tempelhof. Ich habe da als Zeuge aussagen sollen, wegen des letzten Abschnitts in dem inzwischen erschienenen Kölner Zeitungsartikel, also wegen der Schutzgelderpressung. Ich habe der Polizistin auch wahrheitsgemäß berichtet; es war noch in ein, zwei Einzelheiten anders, als ich im Kölner Stadt-Anzeiger öffentlich gemacht hatte. Und zweitens, kaum dass der Stadt-Anzeiger diese literarische Reportage gebracht hatte, worum der Stadt-Anzeiger mich gebeten hatte – von der Zeitung war der Anstoß ausgegangen –, kam der Chefredakteur des Mindener Tageblatts auf mich zu und wollte der das nachdrucken. Liebend gern wollte er das, und ich hatte meine schwere Not, das zu verhindern. Der war rabiat und auch wieder süßlich, der zog viele Register. Bei meinen Verhandlungen, mehreren, mit dem knallharten Mindener Chefredakteur habe ich echt noch was dazulernen können.

14. KAPITEL
Das Perlmutt vom Juni 2021

Ein Wesen wie Ruthmaria spaltet allemal die Parteien. Wenn der Schwiegervater Carl-Otto Besuch bekam – oder wenn der und dessen Frau Waldtraut Besuch bekamen –, hatte Ruthmaria zu verschwinden. Die durfte sich da nicht sehen lassen, schon gleich nicht im Schloss.

Unglaublich! Allerdings kriegte ich dann 'raus: das war, als Alhard und Ruthmaria noch gar nicht getraut waren. Alhard hatte Ruthmaria ein Weilchen zuvor, ein Jahr eher, ins Haus gebracht. Klar! Platz war da massig; in den ersten siegreichen Kriegsjahren. Kam Besuch, musste Ruthmaria freilich solang weg. Hinaus aus dem Schloss, und wahrscheinlich wurde sie angewiesen, sich in das Perlenhaus siebenhundert Meter weiter am Perlenbach zu verdrücken.

Für mich war das Perlenhaus schon immer ein unübersichtliches Anwesen. Verwuchert die unmittelbare Umgebung; Gestrüpp dort, Gesträuch überall da, wo Struppiges nicht hingehörte. Mehrere unregelmäßige kleinere Anbauten außerdem. Die Perlenförsterei war hier mal früher mit mehr Aufwand betrieben worden. Mit zehnmal mehr Aufwand. Der Perlenbach ist eigentlich einer der besonders guten Flussmuschelbäche in Mitteleuropa, in Oberfranken sowieso. Die alljährliche Holztrift in dem Bach hatten die Behörden seinerzeit auch streng verboten, damit nicht haufenweise die handtellergroßen Muscheln zerquetscht würden.

Murren bei denen, die hier Holz geflößt hatten. Unmut weithin. »Wir woll'n flöß'n.«

Umweltschutz ja? Oder Umweltschutz nein? Vor zweihundert Jahren.

Das erste Perlenhaus war 1732 gebaut worden; es war aber nicht ganz das jetzige. Und Frau von der Borch hat mir erzählt, ... oder vielmehr, ich habe aus ihr 'rausgebracht, ich habe aus ihr 'rausgequetscht, wie sie bei ihren vielmaligen Schloss-Ausquartierungen in dem einen Anbau noch zwei uralte Quasi-»Holzsäulen« gefunden habe, auf denen seien oben ein Beil abgebildet gewesen und 'ne Hand. Mit der altmodischen Überschrift: wer sich in den Bächen an den Perlmuscheln vergreife, werde *mit Abhauen der Hand und nach Beschaffenheit mit dem Leben bestraft.*

... Nicht grade zimperlich bestraft. Die erste Befischung hier im Perlenbach, ... besser ja wohl gesagt, Perlenentnahme (denn sollen Muscheln Fische sein?), die erste amtliche Perlen-Plünderung fand 1733 statt; der Markgraf von Bayreuth war selber dabei gewesen, so weiß ich. Der Markgraf speiste anschließend in Rehau beim Herrn Neidhart. Die Neidharts gibt's heute noch. Muschelperlen gibt's aber keine mehr hier. Damals bei dieser Perlen-Wegnahme kam die Markgrafen-Gruppe an sechsundzwanzig Perlen. Flussmuscheln brauchen ein mineralogisch besonderes Wasser, ein ganz weiches Wasser, überhaupt nicht kalkhaltiges; rare Geschichte. Und weil das Peoplevolk so sehr klaute, mussten die behördlichen bayrischen localen Perlfischer beim Ausheben, das immer barfuß geschah, leinene nicht zugebundene Hosen ohne Hosensack und ohne Bändel tragen. Diese Perlfischer drückten mit einem eisernen Instrument die Muschel so weit auf, dass sie hineinsehen und eine Perle 'rausnehmen konnten, die Muschel beschädigten sie dabei nicht. Muscheln mit unzeitigen Perlen oder ohne Perlen wurden wieder ins Wasser versenkt.

Ja, die dicke Frage: eine Perle, wie schnell findet man die denn? Bis 1952 fanden sie noch was – konzessionierte Perleninspektoren oder miese Diebe oder Kinder –; heute, wie gesagt, ist nichts mehr. Von fachkundiger Seite wird behauptet, auch schon früher sei auf siebentausend Muscheln nur eine mit einer Perle gekommen. Vielleicht ist das eine vorbeugende Behauptung. Vielleicht haben sie sich verzählt. Ich kann's nicht beurteilen; ich war beim Auszählen auch nicht dabei. Vielleicht wurde beim Zählen von den Zählenden so viel weggeklaut, oder zum Beispiel so viel Perlengut an einer Stelle heimlich ins Wasser gestoßen, und am nächsten Morgen holte man sich das dann da – und deshalb bloß »jede siebentausendste Muschel«.

Zuerst hieß hier der Bach noch die Grünau; so heißt er jetzt nur im obersten Abschnitt. Ich habe an der zufällig ergiebigsten Bachstelle selber, Instinkt!, als Junge x Muscheln aufgebrochen, um die innen abzusuchen. Das richtige Instrument, um eine Muschel auseinanderzudrücken, hatte ich ja nicht. Säuischerweise ist meine Hand noch dran, und ich bin niemals erwischt worden. Nils auch nicht. Nosch haben wir natürlich nicht grad zusehn lassen. Der Reinhard, vor dem ich da in den Bach stieg, hat mich aber doch plötzlich sehr ernst ermahnt. Zugegeben, ich hatte mich benommen wie ein Angehöriger der rüdesten Soldateska. Ich zählte nicht, wie viele Muscheln ich aufmachte, denn ich dachte jedes Mal, bei der nächsten Muschel würde ich fündig. Die Soldaten brachen die Schalen auch so gewaltsam auf. Damit starben dann die Muscheln.

Ich muss hier überhaupt etwas einflechten. Vor dem Berliner Großstadthaus, das mit von mir bewohnt ist, Hunderte Kilometer weit weg vom Perlenbach also, lag gestern Nachmittag unmittelbar an der Hauswand zwischen dem weißen Kieselsteinschotter die auseinandergespreizte Doppelschale einer Flussmuschel; die schimmernden Innenseiten nach oben. Aber nicht lang lag die dort; heute früh sieben Uhr war keine Flussmuschel mehr da. Kein irisierendes Glänzen erfreute mehr kleine Kinder oder Erwachsene oder mich. Viel zu schön wohl war das Schillernde gewesen; irgendwer hatte dem nicht widerstanden.

Und ich hatte die zwei Schalen da nicht hingeschmissen.

Das Perlmutt, was ist das mit dem Perlmutt eigentlich? Das Perlmutt ist nicht farblos. Das Perlmutt hat ja Farbe; aber nicht feste Farben. Die Farben weichen, die Farben wechseln – wenn man das Perlmuttstück oder den eigenen Kopf etwas bewegt. Die zarten Farben sind ihrem festen Untergrund nicht eingegraben, sie sind ihm nicht statisch beigegeben, sondern – ganz ungewohnte Sache – sind dem festen Untergrund in stets wechselnder, nie scharf umgrenzter Weise zugeordnet. Ohne den Untergrund wären die Farben nicht, aber sie sind ihm nicht unterwürfig, sie machen, was sie wollen, und das alles hat die Menschheit seit Jahrhunderten, wahrscheinlich seit Jahrtausenden angezogen. Hat die Menschen beschäftigt. Hier war etwas komplett anders, ein paar Gewissheiten gingen angesichts hier dieser verschwindenden, auftauchenden, sich ändernden Farbnuancen hops. Die robusten und feisten Betrachter wunderten sich, was es alles außer Festigkeit noch gäbe; die zarteren Betrachter, die zarten Betrachterinnen fühlten sich endlich mal bestätigt – alles weithin unbewusst –. Grünliches und Rosanes beißen sich diesmal auch nicht. Und, überhaupt, wie kann denn nur Rötliches zu Grünlichem werden!

Ich hatte die Muschelschalen nicht hingeworfen bei unserm Mietshaus. Ich seh nur: beschäftigt man sich mit Muscheln, … – sind die da! Das nun aber widerspricht sehr der unbedingten Realitätsverfallenheit, mit der ich es schon immer oder Nils es zeit seines Lebens zu tun hatten. So etwas muss man aushalten. Diese Muscheln sind eventuell das Ohr zur Metaphysik und, wie man sieht, bleiben sie das auch.

»die Doppelschale nicht hingeworfen. Die Doppelschale lag da«, netter Einfall, wird so mancher jetzt denken. Aber falsch geraten, das alles ist die pure Wahrheit gewesen. Ich habe mit niemandem außerdem über Muscheln gesprochen, und ich weiß keines-

wegs, warum die Schalenhälften genau während eines der zwei Tage dalagen, in denen ich an dieser Textstelle hier geschrieben habe. Ich hätte es im übrigen lahm gefunden, so eine Gleichzeitigkeit daherzubehaupten. Aber wenn sich das ganz von selber gleichzeitig ereignet, das ist schon weniger lahm.

Ruthmaria, die Frau, die sich für Alhard hatte scheiden lassen und die ihre zwei Kinder aus erster Ehe abgeben musste, hatte am Anfang des Krieges damals nichts zu vermelden. Die Kinder holte sich ihr erster Mann, der sich dazu effektiv von Polizei begleiten ließ; Polizisten zogen ihr die Kinder buchstäblich aus dem Arm. Sie habe sich, sagte sie mir nun wörtlich, anfangs recht unwohl gefühlt. Ihr Mann, Alhard, war nicht bei ihr, der war an der Front.

Auch nach der Verheiratung ging das Versteckspiel für Ruthmaria noch in mancher Hinsicht weiter. Und wenn sie ihren Ehemann Alhard beim Jagen im Wald begleitete, musste sie immer zusehen, dass sie nicht vom Schwiegervater Carl-Otto erwischt wurde. Dann war sie wahrhaftig noch schnell in das nächste Gesträuch gehüpft.

»Ja, das war komisch und blöd«, sagt Ruthmaria zu mir. Aber so sei das noch das Einfachste gewesen.

Mir machte das augenblicklich die jahrelange Umzieherei der Nosch noch mehr plausibel. Irgendwie.

Carl-Otto habe, sagte Ruthmaria zu mir, auf dem Standpunkt gestanden, Frauen gehörten an den Herd; »ich antwortete ihm da mal: ›Und gehören ersatzweise ins Perlenhaus drüben an der Schwesnitz!‹ Carl-

Otto drauf, mühsam sich beherrschend: ›Das ist hier noch nicht die Schwesnitz, Frau von Radowitz, sondern immer noch der Perlenbach!'« Zu dieser Zeit war Ruthmaria noch nicht neu verheiratet, die Verheiratung war freilich für nächste Woche anberaumt; es passte dem alten Herrn nur mit dem slawisch-akustischen Wortgemengsel so gut.

Und ins Gebüsch sich verstecken musste sie eigentlich noch immer.

Carl-Ottos Gattin Waldtraut, die ließ der hehre Ehemann aber jagen.

… Unsre Mutter hatte vor der Gemahlin Carl-Ottos, der Arnimtochter, eine gewaltige Hochachtung; beim sonntäglichen Gottesdienst sah unsre Mutter sie manchmal; sprach manchmal mit der ein paar Worte. Sie kannte sie nicht so gut, wie Ruthmaria die Schwiegermutter kannte, oder wie der Arnim seine Tochter einschätzte – »und die Töchter sind Nieten« –.

Vier Jahre nach dem Tod Carl-Ottos hat dann die Schwiegertochter Ruthmaria ihren Jagdschein erworben.

Trauen ließen sich Alhard und Ruthmaria 1942. Die Trauung war bereits nicht so von ohne. Frau von der Borch gestand mir schon mal – nach Jahrzehnten also –: »… und mein Bräutigam, Himmelherrgott, der hatte dafür sogar die Fingernägel lackiert.«

Ich, perplex. Zu Frau Ruthmaria ich als erstes: »Und damals, da war das ja noch mehr ein Skandal? Bei einem Mann.«

»… und vor allem bei dem Pfarrer Grell, dem gestrengen. So einem finsteren Herrn.«

»Ja, weiß ich; den hatt' ich im Religionsunterricht.«

»Der ist da beinah in Ohnmacht gefallen, als er uns die Ringe ansteckte.«

Die Fingernägel ihres Bräutigams, das machte Ruthmaria wohl besonders Eindruck. Mir zeigte das nun den Alhard noch in anderem Licht, und ich war wohl genauso paff wie Grell einstens. Ich sagte ihr dann, »Fingernägel lackieren, … Ihr Bräutigam meinte eben seinen Korpus noch was aufpeppen zu müssen. Für den hohen-tollen Augenblick Heirat; in Wirklichkeit hat er aber dadurch seinen Körper etwas entwertet.«

Sie äußerte, etwas ungenau, irgendwie hätt' ich sicher recht.

Ihr Schwiegervater außerdem hatte sich eine Stunde vor dem Kirchgang noch nicht um alles gekümmert gehabt. Der hatte noch keinen Brautstrauß für sie, »in ein'n Laden geh'n und einfach einen Strauß kaufen, das war ja in Kriegszeiten nicht. Obendrein, mein Schwiegervater Carl-Otto war geizig. Der ist da bei uns auf die lange Wiese marschiert hinterm Haus und hat Wiesenblumen gesammelt. Skabiosen, Margariten und alles. Da war'n dann Gräser mit drinnen im Hochzeitsstrauß. Es war ein überdicker Strauß – Wiesenblumen –. War an und für sich sehr hübsch. Den hatte ich auf dem Schoß, und nun fingen die kleinen Tiere an, munter zu werden, … die liefen mir also alle so auf dem Schoß herum. Ich musste ja nun ernst bleiben, der größte Augenblick meines Lebens, die Trauung, die Zeremonie. Aber das wussten die Tierchen nicht so. … hhh« – und Ruthmaria saugte unwillkürlich ganz abrupt die Luft ein. So, erschreckt, hatte sie da offenbar in der Kirche nach Luft geschnappt.

»Hat sich der Pfarrer Grell«, sagte ich, »vom Trauen nicht ablenken lassen?«

»Nein. Nur die Käferchen haben auch weitergemacht; die blieben ja nicht auf einmal still, weil das hier so 'ne heilige Handlung gewesen wär. Ich hab auf einmal gemerkt, die krabbelten mir noch am Po 'rum, direkt da im Po. Ich wollte mich kratzen; ich wollte die totdrücken, ich wusste ja gar nicht, was das für Getier war. Blütenkäfer und was sonst noch? Wanzen, Glanzkäfer, Spinnen, Mini-Fliegen? Dieses lebendige Zeug da unten bei mir; ihr, ihr Männer könnt euch das gar nicht so vorstellen. Ich hab Qualen ausgestanden, iiih. Als Braut. Eben auch weibliche Qualen. Da könnt ihr Männer ruhig an der Front gegen gleich große Männer losgehen und euch gegenseitig totmachen, wir – ich – gegen dieses kleine Geschmeiß. Matschige Räupchen war'n da, ich spürte das schon. O ich brauch' nur dranzudenken, da möchte ich mich schon wieder jucken. – Das hat mich so gegraust gehabt und genau bei der Verheiratung. Mein Schwiegervater hat einfach gesponnen! Aber am Anfang, als die Blumen gepflückt wurden, rührten sich die Biester ja noch schlauerweise nicht. Tiere überhaupt ohne mir bekannten Namen. Naja, die Feinde, gegen die ihr euch wehrt, kennt ihr auch nie mit Namen.«

»Wären die Plagegeister mit Namen für Sie leichter auszuhalten gewesen?«

»Quatsch. Vergessen Sie's. Ich hab Ihnen eh schon zu genau erzählt. Ich hätt' Ihnen das gar nicht erzählen soll'n mit der Würmerchenhochzeit. Nach der kirchlichen Trauung habe ich damals durchgetrotzt, dass ich mich erst zu Haus noch mal umgezogen hab. Und das aber zu begründen vor den andern?«

Ich war inzwischen Schriftsteller und war in dem Verband. Im Oktober 1975 erfuhr ich: dank einem texanischen Universitätsgremium sollte ich ab Mitte Januar 1976 eine Gastprofessur an der Staatsuniversität von Texas übernehmen. In größter Eile und Hetze entwarf ich ein Vorlesungskonzept, in der Zeit von Oktober 1975 bis Mitte Januar 1976. Nicht nur das Konzept, sondern eine Satz für Satz ausgearbeitete ganze Vorlesung schrieb ich nieder; Thema: *Wechselwirkungen zwischen Literatur, Literaturbetrieb und Literaturrezeption*. Und wieder in Parenthese, der Literaturkritiker und bedeutende Professor Dr. Heinrich Vormweg, den ich kannte, hat mir später mal gestanden: er hat sich dann für seine erste semesterlange Vorlesung an der Uni Köln genau dieses Thema, auch mit der Überschrift, abgeschaut. Er habe das Thema von mir einfach übernommen. Worüber ich mich im einzelnen verbreitete, das wusste er dabei aber nicht.

Nebenher hatte ich immer noch die Psychologievorlesungen und -übungen an der Uni besucht, der Uni Köln. Für mich war hier der große Prof der Dr. Wilhelm Salber. Er hat übrigens auch ein ganzes Buch

Literaturpsychologie verfasst; ... den Band habe ich immer noch nicht komplett durchgeackert. Salber bedeutete mir trotzdem viel; und seine Übungen für Studenten ließ ich keine Woche aus. Das letzte Mal, bevor ich in die USA abflog, erzählte ich ihm und den Übungsteilnehmern, ich würde von nun an bei dieser Übung leider fehlen. Und Salber erkundigte sich wohlwollend nach den näheren Zusammenhängen. Ganz am Schluss der besonders locker verlaufenen Übung, als wir alle schon unsere Sachen einpackten, sagte ich noch laut zum Professor hinüber, »Sie können mich ja auch gern mal da drüben kontaktier'n. Per Brief und so. Oder dass wir telefonieren. Ich fänd' das schön, wenn wir den Kontakt weiter halten.«

Salber lachte da leutselig, verschmitzt kurz. Und brüllendes Gelächter bereits von den meisten Kommilitonen. Damit hatte ich wieder nicht gerechnet. Das verblüffte mich. Erst später begriff ich recht: ich habe da Sachen ungeniert angeboten, die den Kommilitonen als noch Jahre entfernt vorschwebten. Fernziele. Die würden doch erst Jahre weit weg in der Zukunft spruchreif sein, und ich kam da jetzt mit an, ich Laffe.

Das alles hätten die Kommilitonen mir aber nicht mehr sagen können, weil ich schon meine Tasche zu clipste und den Übungsraum hinter mir ließ.

Jetzt vor nicht ganz langer Zeit, 2016, ist Salber gestorben. Im Kölner Stadt-Anzeiger ist ihm ein halbseitenlanger Nachruf zugedacht worden, und insgesamt waren in der Zeitungsgruppe Köln ein ganzes

Bündel von Todesanzeigen zu ihm erschienen. Zum Teil mit Überraschungen. In einer Todesanzeige, halbseitengroß, wird er von der *rheingold*-Akademie als »einer der größten Psychologen« bezeichnet.

Ich habe den Salber, als er emeritiert war, einige wenige Male in seiner Wohnung besucht, meldete mich vorher bei ihm immer brav an, … insofern waren das ja dann die Telefonate. Einmal trafen wir uns nach einem Telefonat in der Merzenich-Bäckereicaféhälfte, nur junges Volk um uns herum.

Meine Vorlesung im Gepäck, meine eigne – gar nicht wenig –, flog ich Mitte Januar 76 nach Miami. Auf die Vorlesung bildete ich mir schon ein bisschen was ein. Aber ich habe den Inhalt meiner Gastvorlesung dann doch nicht ausgereizt. Andere, die finanzieren damit jederzeit ein ganzes Leben. In Miami besuchte ich zunächst eine Tante, die ich noch nie gesehen hatte, der ich aber schon viele Dankbriefe geschrieben hatte, Hannchen Toble. Sie gehört also zu den drei Linien, die die Gölerschen in der Neuen Welt hatten. Hannchen Toble war die Tochter einer vorehelichen Freundin meines Großpapás. Die Tochter Hannchen hat uns von Miami, Florida, viele der Care-Pakete geschickt, dreißig Jahre vor meinem Besuch.

Mein Großvater, soviel ist sicher, war die Anständigkeit in Person – oder er wäre ein absolut geschickter Camouflage-Mann gewesen, Vortäuscher –; aber die Mutter der Hannchen, die hatte sich schon Hoffnungen gemacht, mein Großvater werde sie heiraten. Oder hatten zumindest die sehr ärmlichen Eltern der

Mutter in Polen diese Hoffnung gehegt? Dass der ihr Schwiegersohn werden würde? Möglich. Unser Großvater hatte seiner Freundin Fräulein Kaliczek gesagt, er habe keine Penunzen. Er müsse da einfach schuften und könne nicht *noch* 'ne Familie, ihre, mit ernähren. So hörte ich es zur Genüge. Nein, er könne sie nicht ehelichen.

War das alles nur beschwichtigend? Beschönigend gesagt von meiner Großmutter zu mir, oder bereits beschönigend von meinem Großpapá zu meiner Großmutter gesagt? Die Fräulein Kaliczek, nachmalige Mutter der Hannchen, wanderte immerhin aus nach Amerika. So was war 1890 ein ungeheuerer Entschluss. Denn man sah seine Leute dann nie mehr wieder. Selbst mit Telefonieren war damals noch nicht viel. Meine Verwandtschaft sagt immer, dieser Entschluss, auszuwandern, habe mit meinem Großvater zusammengehangen.

Wenn denn alles so war. Halbwegs rätselhaft bleibt: jene Fräulein Kaliczek hat zwar meinen Großvater dann tatsächlich nie mehr gesehn, aber deren Tochter, Hannchen eben, die drüben sechs Jahre später das Licht der Welt erblickte, die suchte meinen Großvater beziehungsweise meine Großeltern vor dem ersten Weltkrieg auf. Und nach dem Weltkrieg noch einmal, extra meine Großeltern in Breslau, und nur die. Da wird ihr deren Mutter, geborne Kaliczek, also von dem fremden Herrn Dr. Göler vorher viel geplaudert haben. Wieso hat die Hannchen meinen Vorfahr denn sehen wollen? Und zweimal? … Oder war die Hannchen so gepolt wie ich, so unruhig wie ich, und wollte die solche Möglichkeiten unter allen Umständen ausreizen? Ausnützen, auskosten, und war sie neugierig auf je mehr Beziehungen, je besser, und erwartete sie sich von daher eine immer weitere Welt? Lieber was kennenzulernen, als was zu lesen? Abenteuerlich jedenfalls war sie gestrickt. Mit einem Mann, dem Mr. Toble, zog sie an den Großen Seen im Norden ein Wochenend-Angelzentrum hoch. Am Huronsee. Sie gab das dann dran, tauchte in Miami auf und pachtete am Atlantik ein Stückchen Küste. Die befreiten sie und Mr. Toble eigenhändig vom mehrhundertmeterbreiten Schilfgürtel, und sie setzten Annoncen in Chicagoer und Neu Yorker Tageszeitungen, *Badeparadies am Atlantik*, und, *Anglerparadies in den Atlantik hinein, Boot wird gestellt. Ausrüstung wird gestellt. Zugang direkt zum Ozean*.

Ich kann mich grün und blau ärgern, dass ich nicht genauer, nicht stundenlang genau die Hannchen bekniet habe nach ihrer Mutter und der Chose mit meinem Großvater. Dass ich die Hannchen Toble nicht gefragt habe noch und noch und nicht verrückt gemacht habe. Stattdessen hörte ich mir ihre Klagen an. Den Herrn Toble gab es inzwischen nicht mehr, ihren Mann also. Gestorben höchstwahrscheinlich. Hannchen war jetzt Häusermaklerin und natürlich alt geworden, »die Leute betuppen einen, alle miteinander!«, und, »ihr Deutschen, ihr braucht ja jetzt nichts mehr, ihr habt jetzt schon mehr als wir, euch geht's nun besser als uns«.

Hätte ich doch nein, nein, nein gerufen. … Habe ich auch, aber ein Mal zu wenig.

Sie suchte einen Klienten mit mir zusammen auf, mit hinein zu dem durfte ich aber nicht, sie ließ mich in ihrem Chevrolet draußen warten. Kam dann wieder, »… betrügen einen, alle! Nein ich könnte ausspucken.« Das versicherte sie mir an die drei Mal. Feuer hatte die alt gewordne Tochter Hannchen immer noch. Tempo auch.

Jahrzehntelang, nämlich bis heute, habe ich drüber nachgedacht: wie im Detail mag sie denn nur übers Ohr gehaun worden sein? Da hatte ich vergebens gebohrt und Zeit vergeudet. An einer doofen Detailfrage hatte ich mich abgearbeitet. Wichtig war'n mir, nach den Carepaketen dreißig Jahre zuvor, nun ihr ganzes Leben und das Leben ihrer Mutter. Erst durch so ein Hantieren mit ganz schön verschiednen Zeiten kommt einer oft zu den richtigen Ergebnissen. Nur leider ich hier dieserhalb nicht.

Und am andern Tag? Stieg ich mal schnell in einen nächsten Jet und flog ich weiter nach Austin. Dort erwartete man mich jetzt. Aber halb und halb bin ich, das wurde mir in den nächsten Monaten bewusst, nach Amerika gefahren, um eben diese Hannchen-Sache etwas mehr aufzuhellen. Einen ganzen Tag habe ich mit Hannchen geredet und nur das Wenige 'rausgebracht. Die wusste sich just so im Zaum zu halten wie 'ne Geheimdienstkoryphäe. Dass bei einer Person, die derart genau weiß, was sie 'rauslässt, meine Großeltern und selbst meine menschenzugewandte Großmamá nicht mehr geschafft haben und nicht mehr aufgeklärt hatten, das wenigstens war für mich jetzt logisch.

15. KAPITEL
Ernie Blake

Austin ist die kleine Hauptstadt von Texas, des reichen Texas. Ich wanderte die Gangway vom Flugzeug hinunter, machte mich zu Fuß auf den Weg vom Flughafen zur Stadt, – und?

Kam mir trist und nichtswürdig vor. Ich fühlte mich ziemlich gottverloren. Auf meiner Straße vom Flughafen fuhr auch nur ab und zu einmal ein Auto. Es war ganz schön einsam jetzt am Vormittag. Da sah ich am Straßenrand in trockenem, erbärmlichem, von der Straße her staubigem Dornengestrüpp Spatzen. Hier piepsten Spatzen. Wie also zu Hause in Köln, wie in Deutschland; dieselbe Sorte Sperlinge, frech und doch vorsichtig und immer auf der Hut, und das Gepiepse kam mir ja so bekannt vor. Die Spatzen bauten mich wieder auf. Seitdem bin ich den Sperlingen gut, und die Spatzen am fünfzehnten Januar 76, meinem Texas-Ankunftstag, hab ich nicht vergessen.

Ich habe der Hannchen dann noch, ein Dreivierteljahr später halt, von Germany aus Schokolade geschickt. Von der schwärmte sie. Sie hat sich aber nicht bedankt. War sie inzwischen schon tot? Das ist mir unklar. Oder beleidigt, war sie? Das Dumme ist, dass sie jetzt sowieso tot ist.

An die Texas-Professur schloss sich für mich am Ende, mit einem Monat Zwischenraum, eine weitere Gastprofessur an – nur deshalb fiel mir die noch in den Schoß, weil ich nicht gleich nach der Texas-

Zeit auf Vergnügungsreisen gegangen bin, zum Beispiel nicht nach Mexiko, wie mir das viele meiner Studenten heiß empfohlen hatten. Ich absolvierte diese zweite Lehrtätigkeit an der University of New Mexico; von Austin fuhr ich quer durch die Karl-May-Halbwüste des Llano Estacados mit einem Straßenkreuzer und dem Austinprofessor A. Leslie Willson zu der University. Ich konnte jetzt auch noch an der Summer-School der Universität in *Taos Ski Valley* lehren. Ski Valley! Für gutbetuchte Amerikaner ein traumhaftes Skigebiet da oben, in den Rocky Mountains in zweitausendachthundert Metern Höhe. Da hatte ein jüd'scher Deutschschweizer, der Ernie Blake, ab 1956 einen Hotelkomplex hingepflanzt. Vor allem erst mal einen Ski-Lift in die Landschaft eingebaut, nach und nach dann noch achtundvierzig weitere Lifts. Die erschließen die Steillagen. Das gänzlich abgelegene Hochgebirgstal, ein muldenförmiges Tal, musste er allerdings überhaupt erst mal entdecken. Er hatte dafür zunächst den ganzen Abschnitt des »Felsengebirges«, den Namen gebrauchte er damals noch, mit einer lütten von ihm geliebten Cessna 170 abgeflogen; aus dem Cockpitfenster der Cessna hatte er auch den Schnee und, wie die Schneedecke sich entwickelte, über viele Wochen hin von oben beobachtet, Flug um Flug; von fast senkrecht oben. Er studierte die Hänge – schöne Zeit, Hoffnungen –, seine Arbeitgeber ahnten das alles nicht im mindesten, die dachten da an ein unumgängliches tägliches Pendeln. Ernie hatte seine Erwägungen nicht offenbart und hatte seine Hintergedanken gehabt. Ein eignes Skigebiet zu besitzen! Im Jahr fallen gerade in dieser engumgrenzten Gegend mehr als sieben Meter Schnee.

Dann entschied er sich. Er war da noch Skilehrer in zwei ganz anderen Gebieten gewesen. Indianerjungs und vor allem ein Maultier, das denn auch einen Namen hatte, schleppten ihm die Liftbestandteile für den ersten Lift langsam ins Hochgebirge hinauf, Wege hatte ja die blinde Natur für ihn nicht vorgesehen. Und das Maultier, nennen wir's Fanny, war hernach immer ziemlich schlapp.

Ernie erwies sich als ein jähzorniger, oft streitsüchtiger Mann, ... aber den Namen des Maultiers hat er mir sogar doch verraten; ein streitbarer und absolut charismatischer Mann, dreiundsechzig war er, als ich ihn kennenlernte, und als er das alles heraufschleppte und zusammenschraubte, er selber immer mit, war er dreiundvierzig. Ich konnte Ernie auftauen und für mich gewinnen, als ich ihm sagte, dass meine Mutter mir Vierjährigem unauffällig, unaufwändig, beinah so dass ich das selber nicht merkte, im Riesengebirge Skifahr'n beibrachte, immerhin auch in zwölfhundert Meter Höhe. Ernie wurde nämlich von seiner Mutter bei Sankt Moritz auf die Ski gestellt, und da war er erst drei. Meine Mutter hatte ein halbes Jahrzehnt lang immer den ersten Preis bei allen schlesischen Abfahrtsläufen geholt. Womit ich bei ihm provozierte: wenn er die gekannt hätte, er hätt die geheiratet.

Im Januar 1956 hat er auch beim Einrichten des Diesel-Oberflächenlifts persönlich mit Hand angelegt. Die Blakes lebten 1953 mit ihren drei Kindern dort oben in einem VW-Bulli, und ein Jahr war das da noch ohne Elektrizität, auch im Hotel ohne. Daran entzündete sich Familienzwist. Aber dann hat die Familie doch den fehlenden Strom verkraftet. Lieber dies, als jedes Mal die seinerzeit noch unmögliche fünfundzwanzigkilometerweite Kurvenstrecke zu fahren. Als Nächstes kam ein »böser« schneller Poma-Lift hinzu, Ernie erschloss so eine der steilsten Abfahrten. Das Skigebiet bot jetzt eine Höhendifferenz von tausend Metern. Ein Jahrzehnt lang noch fasste Ernie überall selber mit an; den Ernie kennen allein deshalb viele. 1945 hatte ihn schon Hermann Göring kennengelernt; denn den Göring hat der vormalige Militärgeheimdienstleutnant Ernie bei den Nürnberger Prozessen mit vernommen. Ebenso hat er Albert Speer vernommen, den Hitlervertrauten. Ernie war im Übrigen mit dabei, als die erste Army-Mannschaft ein deutsches KZ sah. *Die* Nachtmahr-Erfahrung, sagte er zu mir, verlasse ihn nie. Vier seiner Skipisten hat er nach Hitlerattentätern des zwanzigsten Julis benannt. Von Ernie heißt es immer nur, Schweizer sei er. In Frankfurt kam er auf die Welt.

Ich lernte in Taos Ski Valley eines Abends auch die Enkeltochter Cecilie des letzten deutschen Kaisers, Wilhelms II. von Hohenzollern, des unseligen, kennen. Wilhelm II. hatte den ersten Weltkrieg begonnen und dann verloren. Eine Prinzessin also lernte ich kennen und ich unterhielt mich rauschend mit der. Sie sagte mir schließlich, dass ihre Familie dreiundvierzig Jahre lang Deutschland vor Kriegen bewahrt habe, und das sei ja immerhin was. Da fuhr ich ihr denn doch in die Parade. Ich wolle sie nicht vergrützen, aber eben diese Jahrzehnte zuvor hätten das dann größte Abschlachten der Weltgeschichte nach sich gezogen, und grade ihr Großpapá, der hätte das vermeiden, wenigstens aber vermindern können.

Klar, nach ihrem Eröffnungssatz stimmte sie mir da nun nicht zu ... Sie war neunundfünfzig Jahre alt und lebte in den USA mit ihrem reichen amerikanisch-bürgerlichen Gatten Clyde Kenneth Harris. Sie war aber ohne den da. Sie erhole sich hier, sagte sie mir.

Seit 2013 verfügt der Milliardär Louis Moore Bacon über Taos Ski Valley. Im Dezember damals hat der Neu Yorker Hedgefonds-Superreiche Bacon der Familie Blake das Idyll abgekauft. Inzwischen wird Taos Ski Valley über hundertzehn Loipen in Schwung gehalten und bekrabbelt. Hier also ist ein gewisser Teil der verhassten Hedge-Fonds-Gelder hingeflossen. 1976 war ja noch nichts mit Hedge-Fonds; die sind was Jüngeres – so dass mir mittlerweile auch Taos Ski Valley wieder näher gerückt ist. Ernie starb 1989. Ab dem nächsten Tag schneite es in drei Tagen sechs Meter hoch; die Leute sagten, Ernie sei vom Managen des Tals zum Zuschneien des Tals übergegangen.

Ich hatte in der Taoszeit gleichzeitig das quasi passende Manuskript in der Mache. Das Manuskript erarbeitete ich über den historischen Störtebeker, von dem bisher wenig und lauter Falsches bekannt ist.

Freilich, über Unterricht-Geben hinaus plus Ernie plus eine gewisse Studentin kam ich nicht zu dem Manuskript. Die Studentin war eine Mischung von Schwedin und Spanierin, sie hieß mit Nachnamen Toledo. Vater: Feuerwehrmann. Die Schwedischvermischte wanderte mit mir im Juni den einen nicht so steilen Hang hoch, wir picknickten dann, und ich ließ die Verpackungsreste liegen. Die sammelte sie ein. Ich war damals noch längst nicht so weit. Öko? Toledo sammelte zusammen und machte mir Vorwürfe. Ich erklärte sie – ich hatte Psychologie studiert – für zwangsneurotisch.

»Tol'do, überleg mal, das bisschen Plaste in der hundert Kilometer weiten Natur.«

Sie sammelte mit der bloßen Hand die fettigen Folien auf und schleppte die dann sogar.

Heute kann ich mich, den Damaligen, überhaupt nicht begreifen; ich selber mich nicht.

Verkoppelungen, echt gölersche Verknüpfungen: wegen des Störtebekers habe ich noch eine schwedische kleine Insel betreten, Marstrand; ich hab sie identifiziert als einen entscheidenden historischen Rückzugsort Störtebekers. Soweit war ich aber erst fünfundzwanzig Jahre später, 2001, und dann erst wurd' mein Störtebekerbuch veröffentlicht; die teilweis-Schwedin, die noch nie, auch heut noch nicht, in Schweden war, die aber so schwedisch aussieht und deretwegen ich mit dem Manuskript nicht weiterkam, hat mir einen entscheidenden mittelenglischen Passus übersetzt, den kein anderer mir richtig übersetzen konnte und der zur Untermauerung des historischen Störtebekers unverzichtbar war; ich habe so durch sie die Insel wieder entdeckt, Marstrand-Maustrond. Noch wichtiger, die regelrechten Belege dafür habe ich gefunden. Es sind nicht-deutschsprachige Belege, englische. Die Schwedischvermischte und ich haben uns nicht geheiratet, aber wir treffen uns manchmal, sie immer an der Seite eines neuen Mannes; ohne Mann traf ich sie auch an Nine Eleven – auf die Stunde genau –, und ich erlebte da brühwarm-unverfälscht ihre unsagbar verblüffte Reaktion auf den Zwei-Tower-Einsturz mit. »No! Das ist wirklich zu viel; die Regierung ist ja verrückt! Silly. Stupid!«, die Regierung wohlgemerkt, »typisch für unsre Regierung!«

In Sekundenschnelle hielt sie den zweifachen Doppeltower-Anflug für eine amerikanische Regierungssache; nichts mit Religion, nichts mit Islam. Für ein Auf-sich-aufmerksam-Machen des US-Governments. Sie hielt es tagelang für eine gezielte Falschmeldung der US-Regierung und George W. Bushs, und sie kam sich vergackeiert vor. Sie lehnte sich auf; ich war es, der ihr x-mal sagte, »Toledo«, – Nachname, Mädchenname – »das ist kein Schwindel.« Die US-Ostküste bedachte sie eh mit abgrundtiefem Argwohn. Ich warf ihr das jetzt endlich mal vor, und ich fügte dann ironisch hinzu, »fehlt nur, dass du auch meinst, Nine Eleven sei bloß eingefädelt worden, weil du grad in Europe bist, Tol'do«. Da wurde mir von ihr noch das Gesicht zerkratzt. Wer mich seit 2001 heute sieht, wird vor allem den einen Kratzer, den Kreeler bestätigt finden. Irgendwas von dem herben Taos her muss ja weiter bleiben.

1986 habe ich wieder einmal in Schönwald nach den Gräbern der Familie gesehen. Und gegenüber dem Friedhof wohnte die Frau Meier-Passauer, eine nun alt gewordne patente Frau. Verwandte des Pfarrers Ernst Passauer, der meine Eltern im Riesengebirge einst traute (Kirche Wang). Diese Frau Meier-Passauer hatte mir ja auch offenbart, wie die Schönwalder den Grafen Arnim ermordeten. Und ich wusste inzwischen, dass die Schönwalder zwar Jahrzehnte über die Missetat das Maul hielten, dass die Schönwalder aber doch in kommunistischen Kreisen ihren Ruf weghatten. Anders würde die Schönwalder nicht der Arno Behrisch als Bundestagsabgeordneter besucht haben, der eigentlich kommunistische Profi und Mann, und hätte Behrisch nicht mehrere Wahlveranstaltungen, vor mehreren Wahlen, in den größten Räumen des ohnehin großen Turnerheims abgehalten. Auch den lange kommunistischen, dann zur SPD übergeschwenkten MdB Herbert Wehner habe ich hier, selber ich, auf einer Wahlveranstaltung erlebt. Damals wunderte ich mich noch, dass der Wehner grade in das lächerliche Schönwald kam, nach Selb nicht, nach Rehau nicht. Ich fühlte mich richtig wohl in Schönwald. Mittlerweile wundere ich mich nicht mehr.

Also die Mordsache strahlte eben auf die nächste, wo nicht sogar übernächste Generation aus; all das fast immer unausgesprochen. Über solche Weiterungen redete ich 1986 mit meiner Frau Passauer, und da ließ es sich die Passauerin nicht nehmen, mich mit der Ruthmaria Freifrau von der Borch wieder mal zusammenzubringen. Denn die wohnte nun im angrenzenden Haus hier, Sophienreuther Straße 6. Warum nur hauste die Baronin auf einmal hier?

Alhard hatte sich in der Zwischenzeit von seiner wohl allzu flott redenden Ruthmaria scheiden lassen, und er heiratete auch neu. Eine Frau Schmitt aus dem Weiler Buchbach; der Weiler gehört komplett mit zum Borchschen Besitz. Im November 1975 ist Alhard gestorben – er überlebte seine Tochter nur um sechs Monate –, und Noschs jüngster Bruder Louis-Ferdinand, der das Schloss und den Wald nun hatte, setzte der Mutter ein klitzekleines Fertighaus hier hin. Ein Häuschen mit unverbauter mehrkilometerweiter Fernsicht. Louis-Ferdinands älterer Bruder Klaus-Peter war vom Vater vorher noch mit dem Pflichterbteil ratenweise abgefunden worden; zweihunderttausend.

Frau von der Borch lud mich stante pede im Beisein der Passauerin ein, ich könnte ja gern auch bei ihr übernachten, wenn ich nächstes Mal nach Schönwald käme. Ich freute mich und nahm das an.

Was machte wohl eine Adlige vom Kaliber Ruthmarias, wenn sie vom Ehemann vor die Tür gesetzt worden war? Zweihunderttausend Geldkuller hatte sie nicht erhalten. Eines Tages kam Frau von der Borch beim le Maire an; der le Maire hat mir das erst jetzt erzählt. le Maire war damals Abteilungsleiter ›Werbung‹ bei dem reichsten Rehauer Betrieb. ›Rehau Plastics‹, heute ›Rehau Gruppe‹, Umsatz pro

Jahr heute 3,3 Milliarden Euro. Frau von der Borch wollte beim le Maire Sekretärin werden. Das schlug sie dem in aller Form vor. Und mein Gunter le Maire fing an, scharf zu überlegen. Dass ihm die Baronin ja nur auf der Nase herumtanzen würde. Dass die sich ihm nicht unterordnen würde. Sie würde sich von ihm nichts vorschreiben lassen. le Maire hat ihr »nein« geantwortet.

Die nebenbei immer noch apart ungeahnt-schöne Frau war für die Stelle überqualifiziert, er hat sie nicht eingestellt.

Apart-ungeahnt-schön?

Muss ja auch eigentlich, denn deren eine Großmutter Ännchen von Alvensleben war vom Kaiser Wilhelm II. zweimal (dreimal, viermal, fünfmal, sechsmal) in Neugattersleben besucht worden. Siebenmal. Also ich fantasiere schon nichts.

Die Schönwalder evangelische Kindergartenschwester Emma, die ordentlich fleischig gebaute Frau, taxierte die Frau von der Borch ebenfalls und fragte die, ob sie auf dem Schönwalder Wiesenfest Lose verkaufen würde. Das käm' dem Schönwalder evangelischen Kindergarten zugute.

Machte die Baronin. Dafür war Ruthmaria sich nicht zu fein.

Die Freifrau ging da sogar von sich aus auf die Leute zu. »Also Ihr Bier solln Sie ja haben – aber dafür können Sie mir auch 'n Los abkaufen!«

Sagte Ruthmaria ganz vor allem bei jungen Leuten; munter sprach sie die an. Oder noch in 'ner devoten

Modifizierung: »Gut, ich bestell euch euer Bier. Aber dann könnt ihr mir auch ’n Los abnehmen.«

Es war klar, sie hatte selber Spaß dabei. … Und nur noch ich, nicht sie, dachte jetzt dran, wie sie dreißig Jahre zuvor zur Nosch gebellt hatte, »was, Wiesenfest? Nee zu dem Quatsch gehst du nicht hin. Kommt nicht in Frage. Solln die andern zehnmal ihre schlechte Laune da abstreifen …«

»Mamá, ich will doch –«

»… t! Das fehlte grade noch«, und Nosch konnte betteln, wie sie wollte.

Ruthmaria war übrigens nicht erschüttert über das erfreuliche Aussehen einst ihrer Großmutter, … von der so eine Ausstrahlung ausging, dass der deutsche Kaiser ein gut Stück durch sein Reich bis Neugattersleben reiste – er im Sonderzug jedes Mal –, um die von Alvensleben immer wieder anseh’n zu können. Nur um sie schicklich in seiner Gegenwart zu haben, anschließend an Jagden, die aber eben extra in dem Neugattersleben Waldstück stattfanden. Ruthmaria, nö! war nicht geplättet, denn Ruthmaria war selber – dank der Großmutter Alvensleben, dessen bin ich sicher – ’ne Schönheit geworden. Schon Ruthmarias Mutter, Ännchens erste Tochter Armgard, war so vorzeigbar; davon kann sich jeder leicht im Internet beim ›Familienfenster‹ der Kirche von Neugattersleben überzeugen. Auch von der Großmutter kann er sich da überzeugen.

Ich sagte das von den eigenartigen, bemerkenswerten Reisen des Kaisers außerdem der Ellen mal und umriss der Ellen diese verwandtschaftlichen Alvenslebenschen Verhältnisse Ruthmarias. Und Ellen mauserte sich seitdem. Jetzt ist sie Monarchistin. … So gesehen wird sie ja umstürzlerisch wirken, sie hat sich vom Boden des Grundgesetzes entfernt – Finger nur weg von solchen Menschen! –. Die vielen Jahrzehnte zuvor ist sie nicht Monarchistin gewesen, sondern *Zeit*leserin und *Deutsche-Welle*-Hörerin in ihrem Kreta.

16. KAPITEL
Die Kleppermühlenfischteiche

Den Klaus-Peter aber sollte ich lieber nicht hier erwähnen. Er käm bei mir nicht gut weg. Oder noch deutlicher gesagt, er wäre glatt der Antipode in meinem Bericht, die Antifigur zu allen denen, die mir, fast sämtlich, irgendwie doch ans Herz gewachsen sind, er wäre die Gegenfigur auch zu mir selbst. Er ist verschwenderisch, sein gesamtes Leben schon ist er das, er lebt dreimal über seine Verhältnisse; er ist ewig hochnäsig und war das schon als Junge. Er macht Schulden, ohne mit der Wimper zu zucken, – sollte ich ihn vielleicht grade herausstellen? Er kam zu seiner Mam –, bin ich nur blöd, dass ich ihn weglasse? Ihn vorzuführen, gibt das nicht meinem Bericht erst den richtigen Ausgleich? Und ich brauchte mir dabei wiederum nichts abzuwichsen und auszudenken – heißt, zu lügen –, ich könnte mich einfach an die Gegebenheiten halten. Liegt beim Klaus-Peter ja alles vor.

Er kam zu seiner Mutter an, »Mamá, leihst du mir mal dein Gewehr?«

»Was?«, die Antwort. Die verdutzte Antwort von Ruthmaria.

»Ich muss auf eine Jagd gehen –«

»Na und? Freu dich doch. ch, … ch.«

»– und ich hab mein Gewehr dem Marten gegeben, jetzt bin ich erst mal ohne. Leih mir doch mal deine Steyr-Mannlicher.«

Die Mamá killerte dann allerdings aus ihm heraus, er hatte sein Gewehr gar nicht einem Freunde überlassen, sondern hatte das irgendeinem Gläubiger als Pfand hinterlegt. Nur, damit er wieder an ein bisschen Knete gelangte. Versetzt also hatte Klaus-Peter seine Waffe.

Seiner Mutter erklärte er, »ich will gar nicht mehr schießen«.

Nichts davon wahr. Wir werden das auch sehen.

Aber Ruthmaria willfahrte seinem Wunsche. Weil der Sohn extra von Olching-München zu ihr nach Etzelskirchen im Steigerwald kam; sie lebte hier seit der zweiten Scheidung.

Klaus-Peter: »Ich brauch' die Steyr-Mannlicher nur, um halt ordentlich dabei zu sein. Standesgemäß bei zu sein. Ohne Gewehr, wie soll ich da auftreten?«

Erst ein Jahr später hielt sie ihre Steyr-Mannlicher dann wieder in Händen. Was war los?

»Du, ich hab dein Gewehr neu schäften lassen. Das war ja ganz kaputt.«

»... bist wohl von allen guten Geistern verlassen.«

»Da hat man ja gar nicht zielen können. Der Schaft hat gewackelt.«

Die Schäftung wackelte etwas, aber Frau von der Borch hatte sich drauf eingeschossen gehabt, und wenn es drum ging, Enten zu treffen, holte sie sogar besonders viele vom Himmel herunter. Nun wollte aber der Sohn, der das mütterliche Gewehr eigenmächtig hatte reparieren lassen, dass die Mutter die Neuschäftung bezahlte. Ein Maßschaft ist ein kostspieliger Weg. Die Mutter hustete ihm was. Sie stritten sich ausgiebig; »kommt nicht in die Tüte, das musst du latzen«, die Mutter war unerbittlich.

Außerdem verhielt es sich so, dass der Schaftmacher schon ein Dreivierteljahr seinem Lohn für den Maßschaft hinterherlief; den Schäfter hatte der Klaus-Peter bisher hingehalten. Aber die Mutter war nun noch unerbittlicher, Klaus-Peter hatte sich da verrechnet.

Und die Mutter hatte sich auch verrechnet. Jetzt war die Steyr-Mannlicher so schwer geworden, dass das Gewehr weniger führig war und sie gar nicht mehr gut damit schießen konnte, es war ein anderes Holz. Sie konnte die Mannlicher praktisch nicht mehr gebrauchen.

Ein andermal hat Klaus-Peter sich von ihr Geld für 'n Auto pumpen wollen. Er konnte nicht wirtschaften. Das sagte die Frau von der Borch zu mir.

Er haute seine Mutter also an, »ich brauche unbedingt einen Wagen. Es geht nicht ohne Wagen.«

»Aha, die große Neuigkeit.«

Und sie borgte ihm dennoch das Geld dafür.

Sie habe schon gewusst, dass sie das nie wiedersehen würde.

So war's dann auch. Der erwachsene Sohn brachte nicht fertig, zu begreifen: er verfügte nicht über so viel Geld – »Lappen« –, wie er sich selber zubilligte.

Alhard erkannte das schon vorher, und deshalb vererbte Alhard dem Klaus-Peter auch nicht den Sophienreuther Besitz. Dieses Erbes war sich Klaus-Peter aber bombensicher gewesen. Ich erinnere mich noch bestens, wie der Klaus-Peter als neunjähriger Niemand auf dem Pflaster vor der Sophienreuther Schlossfront stand und einige Gleichaltrige uneinfühlsam herumkommandierte. Der Schnösel behandelte die unglaublich von oben herab. Wir kamen mit unsrer kleinen Gruppe da auf dem Pflasterabschnitt an, die Jungs unsrer Gruppe empfanden das auch so als überzogen; und sie sangen sofort den Schönwalder Vers – den ich schon kannte –,

»Herr Baron, Herr Baron
sitzt am Thron,
lässt ein'n Furz
durchs Telefon«.

Das brachte uns diesem Klaus-Peter natürlich nicht näher. Wollten wir auch gar nicht.

Als Alhard im Familienkreis offenbart hatte, dass nicht der erstgeborene Klaus-Peter erben werde, sondern der Jüngste, hasste Klaus-Peter von da an den sechs Jahr' jüngeren Louis-Ferdinand wie die Pest.

Irgendwann dann später nach Alhards Tod trat Klaus-Peter vor seine Mutter und erklärte er der: »Ich heiß' übrigens nicht mehr Klaus-Peter, sondern ich heiß' jetzt Klaus! Bitte merk dir das.«

Frau von der Borch da nicht faul: »Aha. Gefällt dir das nämlich besser?«

»Bitte berücksichtige das jetzt.« In dem distanzierten Tone.

Seine Mutter: »Na hoffentlich schreibst du dich jetzt Claus mit c?«

Darauf blieb er dann schon wieder die Antwort schuldig.

Die Zweihunderttausend hatte er in drei Jahren durch. Dafür genügten im Wesentlichen ein, zwei opulente Feste, die er gab. Klaus-Peter brauchte Geld, und ohne Geld war er nichts. Ohne, meinte er nichts darzustellen.

Das konnte mir natürlich nicht einleuchten.

Er hatte als Innenarchitekt gewirkt – in Hamburg –; eigentlich durfte er sich nicht Innenarchitekt nennen, die Bezeichnung ist geschützt. Klaus-Peter hatte kein Diplom, er nannte sich trotzdem so. Viel Erfolg war ihm hier nicht beschieden. Deshalb baute er sich als Filmarchitekt auf. Hauptsächlich in Italien schuf er seine Pappmachéhäuser. Das schleppte sich so hin. Hernach hatte er lieber einen Möbelladen in Olching bei München. Er führte da nur allerteuerste Möbel, keine anderen. Viel zu wenig wurde gekauft, eine Pleite war abzusehen. In dieser Phase befasste er sich dann noch mit einem ganz anderen Projekt und renommierte er mit dem herum: Er werde die Sophienquelle wieder zum Sprudeln bringen.

Das Herumrenommieren war ja dabei nicht falsch. Die Sophienquelle, die sich vor dem Schönwalder Waldschwimmbad befindet und mit zum Borchschen Besitz gehört, war bereits in einem Ein-Raum-Häuschen gefasst. Es sei eine Heilquelle, tönte Klaus-Peter. Und damit hatte er auch nicht so unrecht; 1715 schon wurde ihr Wasser zu Heilzwecken empfohlen.

Mit acht Fenstern ist das süße Tempelchen versehen; es hat eine hoch-gerundete Dachhaube, Metall. Bis unten hin gehende riesengroße Fenster. Mit Sprossen die Fenster. Außen drum herum verstreut ein paar Apfelbäume.

Dieses anmutige Brunnenhaus noch dazu in der Umgebung, die von vielen als unwirtlich empfunden wird, der Landschaft, die nur von Fichtenwald bewachsen ist. In der ewig kühle Temperaturen herrschten; in der es vor dem Klimaumschwung, also jetzt unsrer Zeit, regnerisch und trüb war, – vor diesem wohl oder übel kontrastierenden Hintergrunde das niedliche oder eben hinreißende schneeweiße Tempelchen, das nicht seinesgleichen hat weit und breit, mit den Formen, die den Menschen aus freundlicheren Landstrichen her geläufig sind; auch das Sophienreuther Schloss reicht da nicht 'ran – ästhetisch nicht –. Das Oktogonhäuschen nun gerade hier: das erhöht noch seinen Reiz. War der Klaus-Peter davon bestochen? Empfand er das? Oder vermochte er das nicht zu empfinden, weil seine Hochmütigkeit ihm wieder dazwischengeriet? Aber das Oktogontempelchen hatte ja mal sein adliger Urgroßpapa veranlasst. Macht einem das Oktaeder-Brunnenhaus, mit dem Klaus-Peter eine Weile viel vorhatte, den Klaus-Peter doch wieder mehr sympathisch? Die Frage lass' ich unbeantwortet.

Ein ganz erstklassiges Wasser hatte die Quelle. Die Expertisen gab es auch. Und auf der Pariser Weltausstellung 1898 bekam dieses Wasser 'ne Goldmedaille. Aber dafür musste man das Wasser ja dort erst mal einer Jury zuführen. Klaus-Peters Urgroßvater Arnim hat das vermocht. Seit 1898 war dieses Wasser nicht anders geworden. Und das Brunnenhaus steht unter Denkmalschutz. Ich hab als Junge die Quelle noch fließen hören, wenn das Tempelchen offen stand. Flaschen, *Sophienquelle* das weißblaue Papierlabel, waren immer wieder davor gestapelt. Dann aber war die Quelle doch weggetrocknet. Da konnte ich auch nichts mehr hör'n.

Überhaupt viele Quellen im Sophienreuther Wald sind langsam versiegt, und diese vertrockneten Quellen beweisen, dass der Klimawandel schon damals angegangen war, denn Anfang der Fünfziger Jahre versiegte nichts.

Die Sophienquelle, na gut, befindet sich fast unten auf der Talsohle in dem Perlenbachtal. Hätte Klaus-Peter sie da tatsächlich zum Wieder-Sprudeln überreden können?

Das Wasser der Sophienquelle ist auch nicht fader als die Gerolsteiner Quelle in der Vulkaneifel, und deren Leute machen – Klimawandel hin oder her – seit hundert Jahren ihr Multimillionengeschäft, das stachelte den Herrn Klaus-Peter wahnsinnig an. Bis er definitiv kapieren musste, dass er zum Nichterben heruntergestuft war. Eine Weile hatte er noch vor, diese Quelle aus dem Borchbesitz 'rauszutrennen: sie zu pachten.

Ob der Gerolsteiner Sprudel alles aus der Gerolsteiner Quelle kommt?

Beinah gleichzeitig wollte Klaus-Peter nicht nur

mit Sophienwasser die Menschheit versorgen, sondern auch mit Forellen; den Forellen der Kleppermühlenteiche. Er war schon drauf und dran, ein Lokal zu eröffnen. Verflucht weit weg: im Münchner Raum. Und das Lokal dann nur mit Sophienreuther Forellen zu beliefern. Entsprechend gedachte er das zu bewerben. Auf die bloße Forellenzucht hatte er schon viel länger ein Auge geworfen. Die Fischzucht war bereits aus dem Borchschen Besitz herausgelöst, separat nämlich verpachtet; Klaus-Peter überlegte, ob er nicht diese Pacht an sich ziehen sollte. Es war auch ein neuer Fischmeister da in dem bewohnbaren Kleppermühlennebenhaus, der hielt die Teiche und den zuführenden Bach in Schuss. Zum Beispiel achtete der drauf, dass die Teichränder von Sträuchern und Gebüschen befreit waren. Denn von denen fielen die Blätter jeden Herbst ins Wasser, und das Wasser wird dadurch sauer; nichts für Forellen. Da zogen die Forellen vor zu sterben.

Als Klaus-Peter mit seinem Möbelladen innerhalb von anderthalb Jahren insolvent wurde, besuchte er ein weiteres Mal seine Mutter. Er sah davon ab, dass sie ihn Klaus-Peter nannte, und schlug ihr vor, ihm ein fünfzigtausend-Mark-Darlehen mit nach Hause zu geben.

»Ist ja noch mehr als ein Auto«, sagte Ruthmaria. Sie sich dabei am Hals die Bluse zuknöpfend.

»Damit rettest du mich. Die Konkurssache ist noch nicht abgewickelt.«

Seine Mutter lehnte alles strikt ab; »ich kann nicht an meine Wertpapiere ’ran«.

»Ja, von mir erhältst du ein Prozent mehr dann.«

Sie ließ sich diesmal nicht drauf ein; auch wenn er hier extra wieder hergetigert gekommen war. Den Wagen hatte sie ihm geschenkt. Ihn retten, nein.

17. KAPITEL
Bei Frau von der Borch

Direkt mit Frau von der Borch hatte ich mich nur selten mal unterhalten gehabt. Und, der kurze Dreiertreff bei der Frau Passauer war jetzt schon ein halbes Jahr her.

Ich sagte mich bei Frau von der Borch an; aber als ich vor deren Fernsicht-Häuschen eintraf – »Auch schon da?« –, war gleich Stunk. Das hatte ich ja nicht gedacht. Eisekalt zynisch wurde ich empfangen; diese Frage eingangs war noch bei weitem das Netteste. Freundschaftlich kurz umarmt, ganz im Gegenteil. »Na Sie Prinz oder Prinzchen? Ist immer fett, wenn man Freunde hat in der Welt?«

»Frau –«

»… an den Eckpunkten des Daseins? Wie werden Sie das nun anfangen hier bei mir? Aber, nach 'm halben Jahr kommt's ja auch nicht groß drauf an? … und der Gast hat immer Vorfahrt; die Gäste müssen das nur ausnützen. Wie geschehn.«

»Frau von 'ner Borch! Dass mir das alles völlig fernliegt, – ich hab Ihnen hier ein paar Blumen mitgebracht, daran sehn Sie, –«

»Das ha'm Sie raus. Mit Blumen, ist der andere immer im Zugzwang. Was bleibt einem da übrig. Der andre hat sich zu freu'n. Aber ich –«

Ich legte die noch eingewickelten auf dem nächsten Stuhl ab, um mir ganz kurz die Ohren zuzuhalten. Sie guckte da doch. … Um mir meine Ohren kurz zuzuhalten, wobei ich die Frau von der Borch ernst weiter ansah. Sie war da doch in ihrem giftigen Sermon unterbrochen. Dann nahm ich die unsichtbaren, eingepackten noch mal. »Ich hoff jetzt nur, dass die von der ewig-ewigen Fahrt nicht schlapp gemacht haben«, sagte ich zu der wütigen Frau; und ich ignorierte eigentlich alles bisher von ihr.

»Diese armen Blümchen.«

Was war los? Ich kam halt zu spät. Und sie hatte erst noch *soo* lange mit dem Essen gewartet. Sie hatte auch selber immer noch weiter nichts zu sich genommen; sie hatte regelrecht Hunger.

»Wenn Sie Hunger gehabt hab'n, hätten Sie doch weiß Gott schon essen sollen –«

»*Ich* bin das Schaf, meint der Herr. Kommt hier angepoltert ... wissen Sie, dass Sie mir nicht anders erscheinen als die vier Apokalypt'schen Reiter Seuche Krieg Hunger Tod. Mindestens einer von den vieren sind Sie für mich ... ja, den Hunger haben Sie mir glatt beschert. Und dazu Blümchen. Typisch.«

Irgendwas mit dem Essen, das verdirbt besonders leicht die Laune; die erwachsenen schlanken Frauen balancieren sowieso an der Grenze zum Hungrig-Sein entlang, dauernd. Und jetzt das noch wegen einem hergelaufenen Kerl. Also sie glich das aus mit vermehrten Sottisen. Die flossen ihr von den Lippen.

Ich kann ihr das nicht verdenken. Denn ich kam vier Stunden später als vereinbart. Ich hatte unterwegs ein Rad alleine auswechseln müssen, hatte sie zwar unterwegs da angerufen, und Handys gab es damals keine; ich ließ vom nächsten Gasthaus die Wirtin sie anrufen. Und, ich hatte eben einen 2cv, keinen geschwinderen Audi. Außerdem bei dieser Verspätung, mehrmals hätte ich anrufen sollen, nicht ein Mal.

Damals in den Nichthandyzeiten. Frau von der Borch: »Ich hatte mich nach diesem Anruf auf vier, halb fünf eingerichtet. Und es passierte gar nichts. – Sie müssen noch 'ne Menge lernen, mit 'ner Frau umzugehen. Ihnen fehlt's an Fingerspitzengefühl; klar? – Vier Stunden!«; höhnisch zum Schluss wieder.

»Ich musste ja dann erst noch 'n Bach finden, an dem ich«, sagte ich jetzt in ähnlich gnaatschigem Ton wie sie, »mir die Hände waschen konnte, für 'n Besuch.«

Indem ich irgendwann auf das Thema Louis-Ferdinands, ihres Lieblingssohns umlenkte – und mir ja einmal die Ohren zugehalten hatte –, wurde das mit ihrem Ton noch anders. Und einmal fing ich davon an, ihr erster Mann sei doch in der Diplomatie tätig gewesen?

»Nee. – Da hat der bloß hingestrebt. Wollt' er gern.«

Ruthmaria erreichte es, dass wir nach einer halben Stunde Knaatsch unversehens vertrauter wurden. Schon wieder 'ne Kunst von der Frau von der Borch.

Sechs oder sieben Mal traf ich mich in den folgenden Jahren mit ihr. Jedes Mal ihre erneute Einladung, bei ihr zu wohnen. Sie gab mir sogar ab dem zweiten Jahr jedes Mal einen Hausschlüssel, damit ich unbekümmert kommen und gehen könnte. Zwischen meinen jährlichen Besuchen stopfte meistens ein kurzes Briefchen von ihr die Zwischenräume.

Unsre Reden waren dann gar nicht so unverfroren und bedenkenlos. Lebhaft und pfiffig waren sie. … Sie hätte Äpfel da. Ein Pfund Äpfel sei schon gewaschen, »die Äpfel werden dadurch etwas sauberer, ich werd dadurch etwas schmutziger.«

»Was, was?« fragte ich ein bisschen fantasielos.

»Na der Schmutz muss ja auch irgendwo andocken. Irgendwo muss er ja bleiben.«

Ruthmarias Version, wie der Graf Arnim im März 1919 mit den Holzdieben einige Tage, bevor er ermordet wurde, umging: Der Graf war, wenig gräflich angezogen, in seinen Wäldern herumgelaufen, und da begegnete ihm knapp entfernt von einem Diebsgesindel ein einzelner mit einer ganzen Fichte in der Hand, einer noch jungen Fichte. Arnim: ›Was haben Sie denn da?‹

›No halt a Baamla.‹

›Aber das ist doch verboten.‹

›Schon. Aber des mochn s' doch ollzsamm.‹

Arnim: ›Aber wenn der Graf das sieht?‹

›Der? Der is doch in saam Schloss dou.‹

›Und wenn Sie ihm trotzdem begegnen?‹

›Nouchert loss ich schnell des Baamla in a'n Schtroußngroubn folln.‹

›Na dann lassen Sie's mal fallen!‹

Ruthmaria berichtete mir auch: ihr Schwiegervater Carl-Otto hatte eine Fernsehantenne auf dem Schlossdach montieren lassen. Schnell kamen aber nicht nur die Monteure, sondern Beamte der Unteren Denkmalschutzbehörde. Zu denen sagte Carl-Otto: wenn sie aus Rehau mit der Kutsche zu ihm vorfahr'n würden, dann nähme er auch die Antenne vom Dach wieder. Das taten die jedoch nicht. Und die Antenne blieb drauf.

Derlei wurde mir von Ruthmaria übermittelt; schon allein deswegen durchquerte ich von Köln die Republik zu ihr hin. Einmal fing sie aufzuzählen an, was sie, und sie meinte da sich und ihren Mann Alhard mit, für Zoff auf First-Class-Geselligkeiten erzeugt hätten. Wie sie für frischen Wind gesorgt hätten. Abgehobenen Geselligkeiten, »– und wir Borchs dazwischen«; ich kriegte da viele Lacher von ihr selber mit. Diese Alten säßen ja nur *so* da. Das heißt, mit hängender Flappe, sie machte das mimisch kurz nach; sie war selber alt.

Sie las lauter Kriminalromane, englische bloß. Bei denen hatte sie ihre Lieblingskrimiautorinnen, Ruth Rendall und P.D. James. Liest man heute noch. Allerdings hört das jetzt auf. Wir sind ja auch noch einmal weiter.

Oder sie sagte etwas, was ich ebenfalls von meinen Vorfahren nicht hätte mitteilen können: Ihr Schwiegervater Carl-Otto musste den Führerschein irgendwie noch mal machen. Alles konnte er, nur rückwärts einzuparken, schaffte er nicht. Da erklärte der: »Ich muss ja auch nie rückwärts einparken!« Die beiden Prüfer: »O doch. O doch.« Carl-Otto: »Nein. Wenn ich keinen Parkplatz finde, dann fahre ich eben wieder zurück. Dann komme ich eben am nächsten Tag.« Und er ... bestand auf die Weise die erneute Prüfung auch.

Sie selber, gebürtige Berlinerin, war mal bei einem Fußballländerspiel im Olympiastadion. Beim eins zu null war der Bann gebrochen, das Publikum raste. Ruthmaria nahm einem unbekannten vor ihr Sitzenden den Hut vom Kopf und schleuderte den Hut in die Höhe; der Vordermann drehte sich auch schon um. Das nützte dem aber gar nichts, den Hut hat er nie wieder gesehen, und ich dachte: wenn *ich* den Hut aufgehabt hätte?

Bei diesem Besuch brachte ich später die Rede noch auf das unter den obwaltenden Umständen kitzligste Thema. Sich scheiden zu lassen. Geschiedene würden ja nach wie vor als nicht völlig makellose Mitbürger gelten.

Das fand sie, die zweimal Geschiedne, ganz und gar nicht.

Ich ging davon nicht ab, sie ging davon nicht ab. »Die Leute offenbaren es nicht direkt«, sagte ich, »aber in Wahrheit denken sie doch so.«

Ruthmaria bestritt das energisch, und ich andererseits war meiner Sache sicher und wollte deshalb überhaupt nicht einlenken. »Ich missbillige diese Denkungsart, das ist doch klar«, sagte ich; aber ich sähe, was so los sei.

Diese Frau gab natürlich nicht nach; niemals. Bei jemandem, von dem sie nicht abhängig war.

»Geschiedene sind mehr im Abseits gesellschaftlich –«, sagte ich.

Nein! Und sie mochte recht haben; freilich hiermit erst. Aber sie stellte überhaupt alles in Abrede. Wir gingen an dem Abend verstimmt jeder in sein Schlafzimmerchen; 1993. Das war's letzte Mal, das ich sie erlebte. 95 ist sie gestorben. Ich mit meiner törichten Sturheit habe die Sache mit Frau von der Borch abgewürgt, völlig zwecklos.

Wovon wir keinmal geredet haben: Dass sie ein schlechtes Verhältnis zu Nosch hatte. Vor allem seit die ab etwa Alter fünfzehn von dem Vater mit viel Aufmerksamkeit bedacht wurde. Als Nosch wegen eines Gehirntumors in der Kölner Universitätsklinik lag und Nosch mit dem Tode rang, wurde Nosch von den engsten Verwandten oft besucht. Ruthmaria fuhr von Schönwald schließlich ebenfalls nach Köln und besuchte Nosch, für fünf Minuten. Sie schmetterte aber dann den nächsten Tag lang lieber Golfbälle. Und besuchte Nosch am dritten Tag noch einmal vier Minuten. Sicher, Maria Stuart, Königin, hatte einst, kurz nachdem deren Gatte ermordet worden war, ebenso Golf gespielt …

Ich habe mich sehr getäuscht, als ich mal gedacht hatte, mit dem Sich-scheiden-Lassen das heikelste Thema anzuschneiden. Heikler wäre gewesen, was sie mit ihrer ererbten Schönheit angefangen hatte. Sie hatte das mit ihrem Aussehen nicht einfach so auf sich beruhen lassen, sie hatte das schon ausgenützt.

Ihr Äußeres? Immer ja wird solches Schön-Aussehen nur behauptet. Bei ihrer Großmutter hatte ich aber quasi einen richtigen Beweis in der Hand; objektiv, sozusagen unanfechtbar: die Fahrten des deutschen Kaisers. Der Kaiser des Deutschen Reichs, diese Hyperrespektsperson, hatte da aufs Vorsichtigste und wohlverbrämt der weit entfernt wohnenden Alvensleben den Hof gemacht, jahrelang, vieljahrelang. Endlich einmal etwas Faktisches in dieser fragwürdigen Sphäre der Schönheit. Das freute mich denn doch.

Ruthmaria, Enkelin, hatte fünf Kinder bekommen und sah danach immer noch blendend aus, das musste ich neidvoll – nicht neidlos, sondern im Gegenteil – anerkennen. Unsre Mutter hatte fünf Kinder bekommen und sah danach nicht mehr gut aus, sie war aus dem Leim gegangen, sie hatte die Üppigkeit nicht mehr weggekriegt. Die Baronin hingegen schaute auch nach der fünften Geburt wieder so ordentlich aus, dass es sogar einem Jungen aufgefallen war, der noch gar nicht geschlechtsreif war und dem eigentlich schöne Frau'n zu dem Zeitpunkt völlig piepe waren, mir.

Nosch versuchte mich im September 74 – das war ein halbes Jahr vor ihrem Tod – mehrere Male in Köln, wo ich wohnte, anzurufen. Nicht nur nebenbei und ein Mal, sondern soundso viele Male. Sie war seit sechs Jahren eine verheiratete Nora-Maria von Uslar-Gleichen. Schließlich erreichte sie mich auch, und sie lud mich und meine Partnerin mal auf einen Abend ein. Denn Nosch wohnte mit ihrer Familie in der Nähe von Köln; Moitzfeld Klein-Hohn 7. Zu dem Zeitpunkt hatte sie bereits mit Kopfschmerzen zu tun; sie hat uns aber davon nichts gesagt. Es war noch nichts als Tumor erkannt worden.

Als wir eintrudelten, schaute Nosch aus einem Fenster, das ebenerdig liegt, heraus. Sie sah nach uns schon aus; wir waren aber gar nicht zu spät. Wer guckt in der rauen Gegenwart länger als einen Augenblick aus einem Fenster raus? ... Es ist schön, wenn nach einem Ausschau gehalten wird. Heute widerfährt das ja keinem mehr; in Mitteleuropa, nein. 1952 kam das Breitenfernsehen, und in der Folge war mit dem Aus-dem-Fenster-Sehen Schluss. Die ausschauende europäische Menschheit empfindet so was als langweilig. Aber jemand, nach dem Ausschau gehalten würde, fände das auch jetzt noch nicht lahm. Ebenso ich zum Beispiel nicht.

Es wurde ein angeregtes, verblüffendes Treffen mit Nosch und ihrem Mann, dem klugen; dem Jochem, wie er sich selber nannte, dem Jockel oder Gockel, wie die Schwiegermutter Ruthmaria ihn benamste; wie ihn die mir in den Achtziger, Neunziger Jahren immer benannt hat. Und während wir uns mit Nosch und Jochem unterhielten, kritzelten neben uns deren Kinder; der vierjährige Moritz und dessen Zwillingsschwester Katharina. Die malten jeder ein DIN-A-0-großes Kritzelbild; auf die weiße Rückseite eines belanglosen Plakats jeder, von denen Jochem noch fünfzehn zu viel oder hundertfünfzig zu viel hatte.

Fade war die Nosch schon auch nicht; ... huch und plötzlich konnte sie da zugeben, dass sie sich auf einem Ball was geleistet habe. Es sei der erste Adelsball gewesen, zu dem die Eltern sie mitgenommen hätten, von Sophienreuth extra nach Bamberg. Dort war die Festivität in dem Jahr. Die fände nur alle zwei Jahre statt, und es sei gar nicht so lang nach unserem Rehauer Schwoof gewesen, ein Dreivierteljahr nur. Ja, in Bamberg, wo sie auch geboren sei, habe –

Hier wusste Jochem, worauf sie hinauswollte; »lass mal, lass mal, Nora, das ist ja jetzt nichts. *Das* muss ja jetzt nicht sein.«

Nosch war aber schon viel zu sehr in Fahrt, »… ach, wieso! Ja da haben meine Eltern sich mal entschlossen, mich mit hinzunehmen; mich und gar nicht den Klaus-Peter«, ihren ein Jahr älter'n Bruder. »… Also das sind dreimal aalglatte, lackierte Feste. Nach einer Stunde hab ich das genau gemerkt. Und nach 'ner Stunde –«

»Lass gut sein.« Sagte und unterbrach der Jochem sie.

»… also ich hatte da schon nach 'ner Stunde einen ganzen Rattenschwanz von Schmeichlern und Lackaffen, ich. Klar ja, ich war erst sechzehn geworden, und die sülzten mir was vor, einer mehr als der andre. Geschniegelte Klamotten; gedrechselte Redereien. Und dann noch zu so vielen. Die turnten um mich 'rum, und ich dachte mir, – ach egal auch, was ich dachte –«

»Eben«, sagte Jochem.

»Ich dacht' mir, gefallt ihr euch wirklich in dieser öden Wohlanständ–, dieser Feinen-Pinkel-Manier? Ja, doch, gefielen sie sich. Und weil ich grad mal zu meinem Vater auch hingeschaut habe und gesehen hab, wie der auf mich guckte in einiger Entfernung, habe ich ihm mal zugeplinkt. Zugekniept. – ›Baroness-chen‹ hier und ›Baronesschen‹ da, hört' ich nur dauernd, dass es echt schwer zum Aushalten war. So wurde ich angemacht. So wurd' schöngetan. Der ganze Schwarm ist vielleicht noch größer geworden. Natürlich zum Teil gefällt's einem auch.«

Ich merkte, … ich sah, wie Jochem da aufatmete.

»Dann hab ich«, meinte Nosch weiter, »so richtig laut gesagt, ›un etzert mou i amol scheißn‹. Ich hab extra versucht, das auf Schäiwolerisch, Schönwalderisch, zu sagen, damit 's noch rüder klingt.«

»Und da?« fragte Brigitte neben mir.

Es tat sogar jetzt noch mal seine Wirkung. Die Kinder Katharina und Moritz sahen von ihren Malereien auf.

»Ja und da«, sagte Nosch zu uns beiden Gästen, nicht zu ihrem Mann gewendet, »ach und oh, sind die alle erstarrt gewesen. Das war für die wie 'n Peitschenhieb«, kleine Pause. »Und ich hab gemerkt, wie gut ich ja doch schockier'n kann. Und unmädchenhaft sein kann. Meinen Verehrerschwarm war ich wieder los; das wollte ich ja. – Weggefegt dann alle; great. *So* schnell wollte ich das gar nicht. Ich habe aber eben für Spuk gesorgt auf der Fete.«

Nosch hatte hier noch einmal gebannte Zuhörer, auch ihren Mann, den sie jetzt ansah.

Immerhin, sie habe gesehen, dass ihr Satz sogar ihrer Mutter, die den auf die Entfernung mit verstanden hatte, kein Vergnügen bereitete. »'ne Entgleisung«.

Ich sagte nun der Nosch, als Jochem einmal 'rausgegangen war, dass Ellen mir ihr tägliches Sich-Umziehen in den Schuljahren einst geplaudert hatte. Erfolg sofort: Stummer Schreck. Schreckensblick, nicht schreckgeweitete Augen, sondern schreckgeweitete Sekunde, sie schüttelte den Kopf, sie schüttelte sich überhaupt, und augenblicklich bekam ich von ihr eine getachtelt. Tat weh auch. Ich knirschte und ich rief: »Ich hab das ja *nie* wem weitergequatscht, niemals gesagt wem!«

Woraufhin wieder die Nosch ihres sofort bedauerte – oder tat's ihr schon vor diesem Satz leid? – und sie mir sogar die Backe rieb, die Backe zart mehrere Male streichelte.

»Und, wer überrascht hier wen?« sagte ich, »wer hat hier wen überrumpelt eigentlich?«

»Ja, wer.« Unsre kurze Bilanz wurde von den im Zimmer Gebliebenen mit angehört, von Katharina und Moritz und von Brigitte. Das war absolut in jeder Richtung konfus.

Dann kam auch Jochem wieder zurück.

Nach Noschs Tod wurde mir einmal schlagartig klar, Noschs mehrmaliges gradezu zähes Neuansetzen zu der lütten Adelsballerinnerung hatte ja irgendwie zu den vielen Anläufen Noras gepasst, mich telefonisch endlich wieder mal zu erreichen und unser'n Besuch herbeizuführ'n.

Die Kindergemälde hatte ich bis zu meinem Siebengebirgsallee-Auszug 1996 in unserer Wohnung. Die heftete ich an eine Schrank-Seitenwand. So lange war Moritz noch nicht berühmt.

Den Ehemann, den Jochem, hatte Nosch einst im vierten Ehejahr dazu getriezt und angestachelt, dass er der Kulturbeauftragte des Deutschen Städtetags wurde, Referent für Kulturfragen. Er war Jurist. Von da her schaffte Jochem den Sprung zum Bonner Kulturdezernenten.

Alhard, Noschs Vater, war 1945 nach Sophienreuth zurückgekommen. Dem war 1944 also 's Ritterkreuz zugesprochen worden. Und wie wurde der Träger, der neue, des allerhöchsten Ordens von dem Vater Carl-Otto empfangen? Alhard langte nachts mit dem Fahrrad im Schloss an. Nur Alhards Mutter, die Arnimtochter Waldtraut, war da. Jahrelang hatte die Mutter den Sohn nicht gesehen. Und sie hatte nichts anderes zu sagen als, »na du bist da? Willst du denn jetzt noch was zu essen haben?« So wörtlich. Dass er zu den Ritterkreuzträgern zählte, war ihr mindestens seit dem neunzehnten August 44 geläufig, aus den Nachrichten. Die Rundfunksprecher gaben täglich die neuen Ritterkreuzverleihungen durch.

Kühl also der Empfang. Da hatte es dem Neunundzwanzigjährigen schon gleich mal gereicht. Tja. Allerdings, andere Heimkehrende …? Alhard radelte weiter zu Freunden in der Nähe – Freunden? Das können nur bedeutend ältere gewesen sein, Gleichaltrige gab es hier derzeit keine. Männer, gleichaltrige nicht. Bei anderen Alten, die ihm wohlwollten, blieb Alhard fürs erste. Der Vater Carl-Otto war momentan noch in einem Lager in Regensburg.

Als Carl-Otto aus dem Regensburger Lager zurück nach Sophienreuth kam, ließ Carl-Otto den Sohn Alhard zehn Tage oder noch länger erst einmal gar nicht vor sich treten. Sie wohnten nur im selben Hause. Dann eines Vormittags wurde Alhard von dem Dienstmädchen des Vaters plötzlich gerufen. Alhard hatte vorm Vater anzutreten. … ich gebrauche hier nicht die bloße Redensart, sondern, das hieß, strammzustehen. Und Carl-Otto stauchte den Sohn zusammen. Carl-Otto warf ihm vor, dass auch dieser Krieg verloren sei. Und der Vater ließ sich auf keinerlei weitere Diskussionen ein; Alhard durfte wieder abtreten. Von Ritterkreuz mithin kein Wort.

Ich habe mich in dem Zusammenhang vielleicht ein wenig zu korrigieren. *Ein paar Pfund Menschen erledigt* – nei ja. Die Geschichte spielte sich in Mittelitalien ab. Die fünfzehnte Panzergrenadierdivision hatte südlich von Rom an wechselnden Brennpunkten eine sogenannte Gustav-Linie verteidigt; und es wird wohl mit dem Monte Cassino zu tun gehabt haben; die Ortsangabe ist aber immer vor mir vermieden worden. Mitte Mai 44 gingen die Alliierten von Tanks unterstützt gegen einen Abschnitt vor, der von Alhard verteidigt wurde. Bei diesem Großangriff wurde Alhards Abteilung vor allem auf der rechten Flanke bedrängt. Der Kontakt zur nächsten Einheit ging bereits verloren. Eine Lücke entstand in der Frontlinie; es dauerte nicht lang, bis die Alliierten das begriffen. Die alliierte Seite nützte das aus. Starke Kräfte fluteten herein und trafen schon auf die Nachhut der

Kampfgruppe Nagel. Die Alliierten waren dabei, in den Rücken der deutschen Front zu gelangen. Und das hätte ein Vielfaches der von mir lax erwähnten paar Pfund Menschen bedeutet; Opfer nun allerdings die Deutschen.

Mit vier von ihm eigens ausgesuchten Trupps führte Alhard in die Lücke hinein einen Gegenstoß, gegen die zahlenmäßig weit überlegenen alliierten Kräfte auf der rechten Flanke, Alhard soll die Nerven nicht verloren haben. Er schloss die Lücke wieder; in lauter Nahkämpfen ging das vor sich. Und das heißt vor allem, seine Trupps und er waren in den richtigen Augenblicken schnell. Blitzschnell. Vor allem eben schneller als die Gegnerischen. Die Schnelligkeit wieder einmal als die Grenzlinie des Wirklichen.

Alhard zerquetschte die feindliche Umfassungsbewegung noch im letzten Moment. *paar Pfund Menschen*. Andernfalls wäre ein ganzer Frontabschnitt von hinten aufgerollt worden; und man kann deshalb sagen, Alhard hatte so auch Menschenleben eingespart. … *Das* war natürlich gar nicht mit dem Ritterkreuz belohnt worden.

Kein Mensch hätte geglaubt, dass dieser Soldat sich einmal zwei Jahre vorher die Fingernägel lackiert gehabt hatte, wenn dies auch bei andrer Gelegenheit.

Alhard gehörte im Mai 44 zur fünfzehnten Panzergrenadierdivision, Panzer-Aufklärungs-Abteilung 115; er war Oberstleutnant.

… Viel später beklagte sich Alhard dann einmal, dass ihn das Ritterkreuzordensstück, wenn er den

Orden länger an einem Abend trug, so regelrecht etwas gepickt habe, gespickt habe – man trägt das gezackte Metall ganz oben am Hals, dicht vorm Hals; es kratzte ihn manchmal. Er merkte, dass er den Kopf dann nicht einmal richtig nach unten beugen konnte.

Natürlich würde ich liebend gerne fragen: ›Wie viele aus den vier Trupps, die Sie da ausgewählt hatten, sind denn mit dem Leben davongekommen, und ohne lebensverkürzende Verwundung? … sind wieviel Prozent?‹ Aber damals in den Fünfziger Jahren wusste ich diese Sachen längst nicht so genau. Und mit solchen Fragen wäre mir kaum die Kleppermühle noch weiter überlassen worden. Obwohl das Fragen doch mehr Anteilnahme bedeutete als das blanke Totschweigen der Auszeichnung.

Alhard hat auch einen älteren Bruder gehabt. Der Erstgeborene weigerte sich den Nationalsozialisten gegenüber, eine Hakenkreuzfahne auf dem Schlosse zu hissen. Als Gestapo-Männer den im Schloss abholen wollten, versalzte der den Schergen das Vorhaben und nahm er sich mit einem Schläfenschuss das Leben.

Folglich muss dieser Bruder wohl sehr genau gewusst haben, was ihn wegen dem schwarzweißroten Fetzen Stoff erwarten würde.

Begraben ist der Bruder auf der kleinen Insel im Sophienreuther Schlossteich, von der mir alle Leute erzählen, hier würden die Barons ihre Lieblingshunde beerdigen. Nichts da; Alhards ältrer Bruder liegt hier, und er ruht auf dem Fleck schon länger, als die Leute heute auf den Friedhöfen ruhen. Auch ich hatte jahrelang immer nur gewusst: ›die Hunde dort drüben …‹. Irgendwie hatte ich aber bereits an den Hunden gezweifelt. Damals und in den Zeiten mit Nosch hatte ich von dem Selbstmord nichts geahnt.

18. KAPITEL
Und jetzt ist immer noch die Corona-Krise

Von Selbstmordversuchen hatten wir Gölers ja einstens durchaus was läuten hören; bei Gittel war's keine Hakenkreuzfahne, sondern der Grund war Gittels Ehemann, mein reichlich gehasster Onkel Ernst, der Leningrad-Oberst.

Ein extremes Leben jedenfalls bereits das Leben Alhards, das ich in Verbindung sehe mit dessen Vater; dem Vater, der die außergewöhnliche Auszeichnung seines Sohns weghebelte. Warum übersah Carl-Otto die eigentlich!

Der Hintergrund bleibt für mich dunkel. Ich habe auch den einundsiebzigjährigen Herrn mit der massigen Gestalt und dem vor allem kahlen Schädel nur ein Mal für ein paar Minuten gesehen, 1951. Ein'n Satz mit ihm gesprochen ... nicht einen einzigen. Vier Jahre vor seinem Tod hatte ich ihn gesehen.

Der Suggestivität dieser höchsten Auszeichnung – seines Sohnes – wird sich der Kahlkopf 1944 schon nicht haben entziehen können.

Natürlich gibt es noch andere Weisen von extremem Leben als das von Alhard. Als Ben sich solche Sachen jetzt klarmachte, war Ben selber überrascht erst. Woran auch zu sehn ist: Ben hat es auf diese halb unernst ertüftelte Liste nicht angelegt. Ich sowieso nicht, aber auch Ben – ist nicht scharf drauf, ins Guinness Buch der Rekorde 'reinzukommen. Die Aufstellung ist nun mal über meine Sachen angelegt; ich könnte freilich genauso irgendeinen meiner Brüder nehmen, ja sogar fast überall auch meine Schwester Ellen stattdessen nehmen; käm' praktisch aufs Gleiche raus.

Wer außer Ben ist als Schüler zweieinhalb Tage unaufhörlich getrampt, ohne dazwischen zu schlafen? Von Hof nach Rom, oder umgekehrt; und das Schlafdefizit rief bei Ben schon Wahnvorstellungen wie bei Drogen hervor. Das sagten ihm Drogis dann. Aber darum ging es ihm nicht etwa.

Wer hat 'n Handy und benutzt das aber so selten wie halt Ben. Wenige.

Wer in Mitteleuropa hat in achtzig Jahren so wenig Geld ausgegeben und wird dabei aber immer wieder für eher ein bisschen wohlhabend gehalten?

Wer hat permanent ein Auto – immer polizeilich angemeldet – und ist, als gesunder Mensch, in den letzten fünfundzwanzig Jahren so wenig damit gefahr'n wie Ben? Jedes Jahr ausnahmslos macht deshalb im Winter die Batterie (Varta 45Ah) schlapp.

Wer ist als Student ohne Unterbrechung beinah dreißig Jahre an Universitäten immatrikuliert gewesen? (»Bemoostes Haupt« ...). Heutzutage. Nicht viele.

Wer war so lange ohne Unterbrechung Mitglied des Deutschen Jugendherbergswerks mit jährlich neu erworbner Ausweiskarte, von 1956 bis 2021 und weiterhin?

Wer arbeitet an einzelnen – gar nicht mal umfangreichen – Gedichten über Jahrzehnte hin? Gottfried Benn.

Wer hat ein und das nämliche Gedicht in einem Buch in zwanzig verschiedenen Fassungen veröffentlicht?

Wer hat den Stimmbruch so spät gekriegt und so moderat, dass er selber nicht richtig den Zeitpunkt gemerkt hat? Dabei hat Ben aber durchaus nicht etwa eine hohe Stimme. Herumgeschnibbelt ist, nebenbei, an Ben nie was worden.

Erst ganz wenige Studenten haben in den frühen Sechziger Jahren in Köln unverheiratet zusammen mit einer Frau gewohnt –, und zwar zusammen in nur einem Zimmer, nicht mit zwei Betten, sondern mit einem, und haben das Zusammenleben sieben Jahre lang immer verborgen gehalten vor dem allmächtigen Vermieter. Dem Vermieter, der jeden Monats-Ersten die Miete bar einkassieren kam. Nach den sieben Jahren ging das dann unverheiratet noch sechzehn Jahre in einer anderen Wohnung weiter. Der Zeitpunkt, ›frühe Sechziger Jahre‹, ist das Entscheidende; das Faktum ist heut natürlich belanglos.

Als Freiberufler, nirgendwo angestellt, hat Ben in fünfundzwanzig Jahren tausendzweihundert Lesungen und Diskussionen für Autorenkollegen, oft hochberühmte Kollegen wie zum Beispiel Lem oder Gustafsson, zustande gebracht. Und hat er die moderiert – wie man das heute verwaschen und verunklärend ausdrückt –.

Wer war ... aber hier muss ich etwas weiter ausholen; als wir Geschwister 1947 einst im Sommer zu dem Waldrand hinter dem von uns bewohnten Haus gingen, brachte ich dann meine Geschwister wieder mal schwer in Fahrt. Wir waren bei einem von mir geliebten ehemaligen Schiefersteinbruch. Ich dachte mir vor den Geschwistern aus, dass wir etwas ganz Tolles machen wollten, und dafür müsste als erstes hier der große Stein ein bisschen weggeschubst werden. Das war ein Quarz, vierzig Zentimeter dick, also schon nahezu ein Felsbrocken, und ich hob den Quarz mit aller Kraft eine Winzigkeit an, nein. Er war viel zu schwer für mich; beinah für jeden außer für Elefanten. Also ich rollerte ihn nur; es war hier auch eine Geländestufe, und bergab ging es sowieso. Der Quarzbrocken kollerte rollend los und kam erst durch meinen linken Zeh wieder zum Halten. O je. Er erreichte mit seinem teuflischen Gewicht meinen großen Zeh. Was da folgte? Ich weiß noch, wie meine Geschwister mich anstarrten, als ich so plötzlich vom freudigsten Überschwang in kläglichstes Schreien reinrutschte. Blut noch und noch.

Minutenlang schrie ich. Der liebe Gott hörte auch nicht zu. Ich wusste nicht mehr aus noch ein vor Schmerz, ich tanzte herum; was haben die Geschwister da nicht alles erlebt. Und nach vielleicht zehn Minuten ließ mir aber der kleine Fels doch wieder keine Ruhe, und ich versuchte den nun nicht mit dem gesunden Fuß, sondern mit den Kräften der Arme weiterzubewegen. Mein jüngerer Bruder Nils monierte mich: ich hätte mir doch so wehgetan grad, ich sollte den Stein drangeben. Auch Rolli sagte: »Nu' lass das aber mal! Wirklich.« Ich überlegte sekunden-kurz: der Quarz war an der Stelle, an der er sich befand, völlig nutzlos. Ich hatte ja überhaupt nichts bisher erreicht, und ich schob noch einmal, oberhalb von dem Quarz kauernd. Aber ich war jetzt viel zu kraftlos, und der Schmerz im Zeh war unerträglich. Der Zeh hat heut noch einen etwas vorne abstehenden Nagel; vorhin erst musste ich wieder aus dem flachen Slipper in weitere Schuhe wechseln. Nach einer Stunde muss ich das regelmäßig bei so flachen Schuh'n. Immerhin schwor ich mir damals, derart unüberlegte Steinsachen nicht mehr anzufangen. Ich denke da immer wieder mal dran. Wer ist so von seinen Absichten besessen, dass er dafür auch horrende Schmerzen aushalten will? ... von Felsen eine Zehe plattmachen lässt?

Welcher Mann wird schon, seit Jahrzehnten, immer um zwanzig Jahre jünger geschätzt? Früher oft um dreißig Jahre?

Wer macht eine bestimmte Bodengymnastik-Übung, eine einzige, jeden Tag: immer dieselbe? Früher zwanzigmal hintereinander, nun siebzig Mal hintereinanderweg? Seit nun neunundvierzig Jahren. Nur auf Reisen und bei nicht neurotisch-gereinigten Hotels ist da manchmal einen Tag Unterbrechung.

Wer hat so spät, mit sechsundsechzig, sein erstes und einziges Kind gekriegt?

Wer in Mitteleuropa hat sich seit 1964 nie beim Friseur die Haare schneiden lassen, nie von einem, der dieses Handwerk erlernt hätte? Sondern von Freundinnen. Oder er schneidet sich's inzwischen selber. Und sah trotzdem draußen nie hoffnungslos verstruwwelt aus?

Wer, der kein Erzieher ist, hat mit seiner Tochter im öffentlichen Raum so lang von gleich zu gleich gespielt? Beinah täglich. Und hat sich deren Spielen total angepasst? Nämlich bis zu deren dreizehntem Lebensjahr.

Wer hat so oft vermieden, etwas zu sagen? Wer redet so wenig wie Ben, heute. – Oder machen das doch genau so viele andre wie Ben, und die übrigen Menschen können das eben nur nicht wissen?

Wer hat schon einen Menschen aktiv dazu gebracht, ein tadelloses, grammatisch erst-

> klassiges Hochdeutsch zu sprechen – nicht bloß zu schreiben –, eine Frau, die mit diesem anspruchsvollen Lernen erst als Zweiundzwanzigjährige begann, und die eine germanische Sprache nicht als ihre Muttersprache hat?
>
> Wer hat siebzehnmal, in den Sechziger Jahren des vergangenen Jahrhunderts, seine Partnerin dazu veranlasst, nun wieder abzutreiben?
>
> Wer hat sich so häufig da*ge*gen entschieden, ein fremdes Mädchen anzusprechen?

Tausend ungelöste Zusammenhänge.

An den meisten der Bücher hat Ben jeweils, die Einzelzeiten zusammengerechnet, Jahre gearbeitet. Die Brigitte Friedrich, die für zwanzig Jahre Bens Lebensgefährtin gewesen ist, warf dem Ben im Sommer 2020 etwas vor. »Was machst du da schon wieder! Du musst immer ’rumrackern. Du musst dir immer was vornehmen, immerfort. Als wir zusammenwohnten, hast du nicht *ein* Mal in der Küche zugesehen, wie ich das Essen gekocht hab. Du hast nie zuschauen wollen, wie das Essen zustande kam und dass ich Kartoffeln geschält habe, du musst mal ausruhn.«

Nur vorwurfsvoll; nicht mitleidig. Im Nachhinein fällt es einem wie Schuppen von den Augen.

An jemanden anders schrieb ich sogar kurze Zeit vorher selber: ›Ich habe in dem vergangenen halben Jahr so viel gepowert und geochst wie bald noch nie in meinem Leben.‹

Und jetzt ist noch immer die Corona-Krise. Ich werde gefragt von mehreren meiner Freunde: »Wie verhältst du dich?«

Oft auszugehen? Nein, das ist seltener jetzt, auch bei mir. Das geht so seit neuntem März 2020. Noch einen Tag eher am achten März hatte ich nicht für möglich gehalten, dass ich mich mal derart einschränken würde.

Ich bin kürzer draußen als früher. Aber ich traf zum Beispiel gestern den Menschen wieder, der sich 1994, Peter Eret, um mich gekümmert hat, so dass ich den »Koordinator«-Job für anderthalb Jahre bekam, und wir fingen schon an, uns jetzt spannend auf der Straße zu unterhalten. Dann machten wir doch erst unsre Einkäufe, ich in meinem Brotladen, er in der Santander-Bank, und nachher haben wir uns auf dem Bürgersteig einer ruhigeren Nebenstraße weiter unterhalten. Eine Stunde lang, immer in ein Meter Entfernung, das war die Neuheit dabei. Im Übrigen weiß jeder von den dreiundachtzig Millionen hier Herumlaufenden – außer Dementen und Babys –: eigentlich darf man sich nur ein Meter fünfzig nahekommen. Wir war'n ein Meter.

Leute, solche Sachen hat jeder von Ihnen auch erlebt; Sie müssen das aufschreiben. Das hier hat Sie veranlassen sollen, so was aufzunotieren; ... dem Vergessen zu entreißen. Damit Sie das von sich aufschreiben, deshalb hatt' ich das anfangs alles niederzuschreiben begonnen: als Stimulans.

Eine Schulfreundin meiner Tochter näht Mundschutzdinger und hat damit schon gigantisch viel verdient. Seit kurzem sind die Stoffmasken verboten, Erlass der Bundesregierung, fünfundzwanzigster Januar 21. Für jeden stellt sich die Pandemie anders dar. Ich muss jetzt Warmes mir selber kochen. Bisher konnte ich überhaupt nicht kochen, ein Leben lang nicht. Deshalb ging ich ja seit 1995 auch in die Oderberger Straße mittags essen.

Und als ich in meinem Hausflur zwei angepinnte Blätter las, auf denen zwei Haushalte, schon am zehnten April 2020, anboten, den über sechzig Jahre Alten im Haus Einkäufe zu erledigen, wurde ich auch noch von einer jungen Frau angesprochen. Sie könne für mich Besorgungen jetzt machen. Ich musste sie erst mal fragen, wo sie wohnt.

In meinem Treppenhaus, zweite Etage. Sie ist neu eingezogen.

»Und rechts da oder links –?« Namen werden aus Datenschutzgründen so schnell heute keine mehr genannt. Damit hält man zurück. Im vorliegenden Fall besonders witzig. Wie soll ich mich denn an die Frau wenden?

Mir geht's ja aber gut. Ich kauf' selber ein.

In dem Lokal, in dem ich in der Oderberger Straße gegessen hatte, war ich nach einigen Jahren mit einem Menschen bekannt geworden, mit dem ich, von einem Tag auf den andern, dann immer gemeinsam Mittag aß. Wir verabredeten uns, und allmählich wurden wir für unsere sich überschlagenden, pausenlos neben dem Essen her und länger noch geführten Unterhaltungen regelrecht lokal-bekannt; nicht nur als Habitués. Wir waren schon eine Institution – auch hier war ich nicht etwa wegen meiner Dichterei den anderen Gästen ein Begriff –. Dieser Mensch kann unvorstellbar gut reden. Oder na ja. Er hat eine Art, das, was er sagt, als selbstverständlich, als unbezweifelbar hinzustellen, indem er seine Sätze selten zu Ende führt. Ununterbrochen Ellipsen also, reihenweise Aussparungen. Er hatte auch zuvor an einer der drei hiesigen Universitäten einige Jahre wissenschaftlich bei demografischen Projekten mitgetan. Mit veröffentlicht. Weil er eine Strafe, die noch knapp, knapp in eine Geldstrafe umgewandelt worden war, in Raten inzwischen abbezahlen muss – er hatte also 'n Strafprozess an der Backe gehabt –, meinte er in den letzten Monaten vor Coronabeginn, sich das tägliche Restaurants-Essen nicht mehr leisten zu können, und wir sahen uns im Januar, Februar 2020 nur noch ein Mal wöchentlich beim Mittagessen. Ich überlegte mir da schon, ob ich ihm immer fünfzig Prozent der täglichen Mittagessenskosten bezahlen sollte – ich!, dem! –, aber seine so souverän und so glatt vorgebrachten Ansichten waren mir mittlerweile nun schon zu ludrig und ärgerlich und sakrisch geworden, nach zehn Jahren kriegt man ja so etwas haargenau mit, und deshalb bot ich dem doch nichts an. Donald Duck, äh, Donald Trump sei zu Unrecht in USA nicht erneut ins Weiße Haus gekommen; Wahlverfälschung mit dem Mittel der Briefwahl sei gewesen. Ich hielt's nicht mehr aus, ich verkniff mir mein Angebot. Und dann folgten ja auch die Corona-Lokalschließungen.

Ein Bekannter von mir, gar nicht alt, ist an Covid-19 gestorben.

Werden meine Kämpfe zum Teil jetzt unerheblicher? Belangloser? Mit Mücken, Motten, Ameisen habe ich seit drei Jahren schon gar nicht mehr zu tun. Wegen der Umweltbedingungen sind diese Viecher in meiner Umgebung bereits ausgestorben. Jetzt trauere ich den Flatterbiestern geradezu nach.

Die übrigbleibenden Tiere werden in diesen generell harten Zeiten immer schlauer. Die Vögel? Fast alle verschwunden. Nur Tauben und gelegentlich eine Elster sind noch. Tatsächlich auch einmal eine Amsel; flötend im April. Die Tauben – es sind keine Täubchen, sondern raubtiergroße Brocken beinah – kommen genau dann, wenn ich nicht da bin, zu meinem in einer Schüssel gesammelten Regenwasser auf dem Balkon, Regenwasser schmeckt ihnen besser als Leitungswasser im vollen Eimer daneben. Verdächtig –, für mich. Und ebenfalls eine Taube hat es begriffen, dass innen hinter meinem Küchenfenster, das ich sechs Zentimeterchen aufhatte, meine Butter in dem entsprechenden Stanniol-Papier eingeschlagen liegt. Am Morgen sah ich lauter Fitzelchen vom Stanniolpapier, und die Butter? Weg. Hat die Taube sich mitgenommen. Es liegt auch nichts unten im Hof etwa. Die Kämpfe werden für mich immer mehr anders, verglichen mit den Zeiten des Trampens.

Inhalt